平凡社新書
869

パブリック・スクールと日本の名門校

なぜ彼らはトップであり続けるのか

秦由美子
HADA YUMIKO

HEIBONSHA

はじめに

本書は、次のような問題意識、あるいは疑問とも言うべきものを筆者が抱いたことがきっかけで誕生した。

言うまでもなく、いま日本の社会は劇的な変化に見舞われている。グローバル化の流れのなかであらゆる組織、そして個人は市場メカニズムに組み込まれ、知識基盤社会のなかでＩＴを駆使し、人工知能を使いこなさなくてはならず、従来どおりのやり方の多くが通用しなくなってきている。変化のスピードも速い。そのことにより政治、行政、企業はもちろん、筆者が所属している大学も大きな変革を強いられるようになった。

それぞれの組織の管理運営面においても、内と外から大きな改革を求められるようになっているわけだが、改革の要請は二〇一一年の東日本大震災以降、ますます顕著となっているように感じる。しかしながら、政治、行政、企業、大学のどれをとっても、この変化にうまく対応できているようには思えない。さらには、これほど世界は変化し続けているというのに、ほとんどの日本の組織は旧来の体制をよしとし、大きく土台から変えようとはしない。

なぜ、日本の組織は変化に対応できないのだろうか。ひとつには、改革を担うべき日本のリーダーたちに、四つの力が不足しているからではないか、と考えた。

四つの力とはすなわち、

①自分が属している組織と外部の環境との関係がどのように変化しているのかを見極め、その結果に基づいて社会や公衆の要望を正確に把握し、それらに対応する力
②明確な目的および目標を設定すると同時に、それらを実現するにあたって、自分たちの組織はどこが強みでどこが弱点か（＝内部環境）を正しく分析する力
③古い体質や体制の変革を遂行する力
④そのうえで、変化に対応するにふさわしい独自の戦略を描き、組織のメンバーを率いて、どの国に対しても対等な立場でグローバルに展開していく力

である。現状はとくに、②と③の不足が目立ち、「確固たる信念に欠き、従来の体制にあぐらをかいている」ように見える。

要するに、いまの日本には「優れた教養・知識や知恵を駆使し、柔軟性と強靭《きょうじん》な意志を両立させながら、広い視野で状況を分析し、必要時に勇気をもって決断し実行することができる人材」が求められているのだ。これら資質と呼ばれるものに「高潔な品格」を加えることも重要であろう。

実は、こうした変化に対応できる人材育成を目指しているのが、本書で紹介するイギリスのパブリック・スクールなのである。

パブリック・スクールは日本でもよく知られている。しかし、知られているのは名称だけで、その実態となると少々心もとない。英国紳士に代表される「ジェントルマン教育」を施してきた学校というのが一般的な見方であろうが、ただ、このジェントルマン教育は単純に礼儀正しい紳士を生み出すためのものではない。イギリスにおけるリーダーシップ教育の原型とも呼べるものが含まれている。

そのことに気づき、パブリック・スクールに強い関心をもって調べていった。そして、調べれば調べるほどパブリック・スクールが施すリーダーシップ教育の優れた点が見えてきた。と同時に、これこそがいまの日本の教育を変えるヒントにもなると思えたのだった。

パブリック・スクールの教育のすごさはおいおい説明していくが、まず、パブリック・

スクールのなかでも、とくに歴史と権威ある学校が九つあることを読者のみなさんはご存じだろうか。これらは俗に「ザ・ナイン」、あるいは「グレート・スクールズ」と呼ばれる。パブリック・スクール（すべて私立学校）はイギリス全土に数多くあるが、そのなかから一八六四年、クラレンドン委員会が九校をチョイスして報告を行い（『クラレンドン報告書』）、一八六九年にはその九校によって校長協議会が設置された。また、一九四一年には九校を加盟校とする理事会連盟が作られた。パブリック・スクールの定義には諸説あるが、いまや、この「ザ・ナイン」が最も厳密な意味での名門パブリック・スクールとみなされている。

九つの学校を設立順に並べてみよう（カッコ内は設立年）。

- ウィンチェスター校（一三八二年）
- イートン校（一四四〇年）
- セント・ポールズ校（一五〇九年）
- シュルズベリー校（一五五二年）
- ウェストミンスター校（一五六〇年）
- マーチャント・テイラーズ校（一五六一年）

・ラグビー校（一五六七年）
・ハロウ校（一五七二年）
・チャーターハウス校（一六一一年）

このうち最も古い歴史をもつウィンチェスター校やイートン校、あるいはハロウ校、さらにラグビー発祥の学校であるラグビー校は日本でも紹介されることが多いので、耳にした方もいるだろう。ちなみに、最古のウィンチェスター校が設立された一三八二年の日本は足利義満の治世である。最も新しいチャーターハウス校が設立された一六一一年は大坂の陣の少し前で、徳川将軍家と豊臣家が対峙していた時代である。

大学ランキングとして著名な「タイムズ・ハイアー・エデュケーション（THE）」で常に上位に位置するオックスフォード大学（二〇一七―一八年版では一位）、ケンブリッジ大学（同二位）への進学者も、これら「ザ・ナイン」の卒業生が多数を占めている。さらに、各界にリーダーを輩出し続けていることも評価されるからであろう、イギリスに限らずヨーロッパやアメリカ、近年は遠く日本を含むアジアからも優秀な生徒が集まっている。

その一方で、私の関心は日本の学校、なかでも中高一貫校に向いた。と言うのも、日本の中高一貫校のなかにも、リーダー育成を見据えて教育を行っているところが、たしかに存在しているからだ。たとえば、次に挙げるのは灘中学校・高等学校の教育方針だが、まさにイギリスの「ザ・ナイン」が行っている教育方針と同じである。大陸を挟んで東と西に遠く離れてはいるものの、また、西欧と東洋では精神性や文化が異なっているにもかかわらず、人間のあるべき姿が軌を一にしているところは非常に興味深い。

【灘中学校・灘高等学校　教育方針】
「自分の価値観、信念」のもと、「物事を判断し行動できる知」と、「勤労を喜び、他者と共に生きる共生の心」とそれを支える「強靭な体」の、「知・徳・体」を備え、豊かな教養に裏付けられた品性を持つ、健全な社会人に育って欲しい。

本書の内容はイギリスの九校、そして日本の八校（麻布、鷗友、開成、慶應義塾、甲陽学院、灘校、ラ・サール、早稲田（五十音順））への聞き取り調査をベースに構成している。日本の学校はザ・ナインへの取材と並行し、研究者仲間と手分けし、灘校を含む八つの私立中高一貫校を訪問・取材した。ちなみに、「ザ・ナイン」はイギリス全土に点在する（二七ページ地図参照）。イギリスは日本より狭い国ではあるが、それでも容易に回れるものではない。しかも、ガードの固い学校が多い。当初は三校しか取材に応じてくれなかったが、それでも三校を調査した実績をテコに粘り強く交渉を続け、三年の月日をかけてようやくすべてを回り終えたのだった。

誤解を恐れずに言えば、いまは「他者との競争に翻弄され、せかされる人生を歩む時代」だ。ザ・ナイン、それにこれから紹介する日本の三校（コラム1の甲陽学院を含め四校）などは、若者が自分の人生にとって何が重要か、そのためには他者に対し何をすればよいのか、さらに義務と責任を両肩に背負って生きていけるような人間が育つ社会、それを実現するには責任ある人間は何をすべきか――そういったことを考えさせる教育を行っている。いわば時代の極にある人間を育てている。

しかしながら、冒頭で述べたような部分では明らかに日本のリーダーは弱い。残念ながらイギリスのほうがスケールの大きなリーダーを輩出できている。その原因は何か。個々の学校を詳しく見ていくことで、両者の似ている点、そして違いを明らかにするとともに、日本の学校のいい面は伸ばし、弱い部分は強くする、その一助になってほしいというのが本書の狙いである。

甲陽学院の校訓ともなっている『管氏』には次のような言葉がある（権修第三）。「……一年之計莫如樹穀、十年之計莫如樹木、終身之計莫如樹人……」（一年の計は穀《こく》を樹《う》うるに如《し》くはなく、十年の計は木を樹うるに如くはなく、終身の計は人を樹うるに如くはなし……）。「倉廩《そうりん》満ちて礼節を知る」の言葉でも知られる、春秋戦国時代を代表する名将管仲の言葉だ。国を豊かにしようとするならば、短期的には穀物を育てれば食は満たされるであろう。一〇年のスパンを考えるならば樹を植えて、さまざまな用途に用いることで国は豊かになるだろう。しかし、もっと長い年月、たとえば人の一生を百年と考えるならば、人間を育てることこそが、その国を豊かにする基盤なのだ。ただ単に優秀あるいは知識のある人間ではなく、仁徳を備えた人間が育つことで国は豊かになり、四方《よも》平和となる。この人間を育てることに資するものが教育と言えよう。人を育てるには長い年月がかかる。教えたことがすぐに実を結ぶわけではない。しかし、その種は必ずその人の心のなかで育っており、いつかは花開く。教育はまさに国家百年の大計なのである。

それでは、イギリスのパブリック・スクールと日本の私立中高一貫校を、少し詳しく眺めていこう。

パブリック・スクールと日本の名門校●目次

第五章　ファミリー・スピリット——ハロウ校とラ・サール……169

ハロウ校	マーチャント・テイラーズ校
Harrow School	Merchant Taylor's School
完全寄宿制全寮制	通学制
男子校	男子校
653人（1961年度） 814人（2013年度）	600人（1961年度） 872人（2013年度）
1572年	1561年
10,720ポンド	4,998ポンドから6,664ポンド
●（求める生徒像）情熱的、知的、品行方正な生徒。寮生活に適応できる。学科活動だけではなく課外活動にも興味をもてる生徒	●幅広いカリキュラムと多様な経験を通じて、生徒の才能を発見、発展させることを追求。それによって彼らを、自信をもち、自発的で高いレベルを備えた学習者として育て、正しい行動と、他人を尊重する配慮をもった人間、確かな価値観をもち、急速に変化する21世紀のグローバル社会で活躍する人間を育てること
芸術　航空学　生物学　ビジネス　化学　古典　批判的思考法（クリティカルシンキング）　デザイン工学　経済学　英語　地理学　政治学　歴史　情報工学　数学　現代外国語　音楽　音楽工学　写真術　体育　物理　宗教学　統計学　演劇学	美術／デザイン　生物学　科学　コンピュータ　装飾・服飾技術　経済　英語　英語と英文学　英文学　フランス語　高等数学　地理学　ドイツ語　政治学　ギリシャ語　歴史　ラテン語　数学　音楽　物理学　体育　心理学　宗教学　スペイン語　演劇　GE　Extended Project Qualification

この本で紹介するパブリック・スクールの基本データ

	イートン校	ラグビー校
学校名	Eton college	Rugby School
学校形態	完全寄宿制全寮制	寄宿制・通学制併用
性別	男子校	共学
生徒数	1190人（1961年度） 1320人（2013年度）	715人（1961年度） 798人（2013年度）
設立年	1440年	1567年
学費（1学期当たり、1年3学期制）	10,689ポンド	11,584ポンド（寄宿生）／7,268ポンド（通学生）
学校の目的・使命	●卓越性を追求するなかで最適な独立した考え方と学びの習慣を促進する ●すべての生徒が自分の強みを発見し、その才能をイートンの内外で活かすことを可能にする広範囲に亘る教育を提供する ●個性や違い、チームワークの重要性、すべての生徒が学校とコミュニティ生活に貢献することへの尊重を養う ●身体の健康、情緒面の成熟、豊かな精神を育てるパストラル・ケアを支援する。 ●生徒の人格（自身、熱意、根気、忍耐）を育成する	●学術的な卓越性への挑戦、責任感とリーダーシップ、精神的な自覚、幅広い活動への参加を推進する教育コミュニティである ●学術的な卓越性は重要であるが、共にある価値観はさらに重要と考える ●ラグビー校で、少年少女は、彼らのアイデンティティーと強みを探究し、彼らが個々の才能を成果へとつなげるために役立つ手助けを得る。その成果は、急速に複雑化する社会で彼らを尊重され、尊敬される存在にする
学科科目	現代外国語　古典ギリシャ語　国語　数学　ラテン語　科学　神学　地理　歴史　音楽　芸術　演劇　保健体育　ICT　デザイン　古典文化　コンピュータ科学　生物　化学　物理	クリエィティブアート／デザイン　古典　演劇　経済／ビジネス　英語　Extended Project　地理学　政治学　IT　数学　フランス語　ドイツ語　スペイン語　音楽　体育　PSHEe（Personal, Social, Health & Economic Education）　宗教学　生物学　化学　物理学

ハロウ校	マーチャント・テイラーズ校
オーケストラ、室内楽、コーラス	カリキュラム外で、多様な音楽活動に参加することができる。22のアンサンブルと28名の音楽教員がいる。学期中はほぼ毎週、コンサート、もしくは音楽に関連したイベントが行われる。生徒の約３分の１は楽器を演奏し、他の生徒はコーラス団に入っている
２年に一度、各ハウス対抗の演劇イベントを行う。テーマは古典から現代劇、シリアスからコメディまで様々。ハウスのみの劇と、近隣の女子校との合同劇がある	生徒は、役者として、もしくは裏方として演劇に関わることができる Footlighters という、生徒の親が参加可能な演劇を支援するグループがある
対抗試合に参加する目的の生徒、趣味程度に行う生徒など、自分の意思や適正に合わせてスポーツに取り組んでよい。 ●スポーツの種類：ハロウフットボール、サッカー、ラグビー、クリケット、アーチェリー、陸上、バドミントン、バスケットボール、登山、クロッケー、クロスカントリー、イートンファイブズ、フェンシング、ゴルフ、体操、ホッケー、柔道、空手、ローンテニス（芝生の上で行うテニス）、ポロ、ラケットボール、乗馬、ヨット、射撃、スキー、スカッシュ、潜水、水泳、水球	スポーツは、人格・モラル教育の手段として、マーチャント・テイラーズ校（MTS）の教育の中心と捉えられている ●学校としてチームがあるスポーツ：陸上、バスケットボール、クリケット、ファイブズ、ゴルフ、ホッケー、ラグビー、柔道、ヨット、射撃、サッカー、スカッシュ、水泳、テニス ● UK Centre of Excellence として MTS が認められている種目：ハンドボール、バドミントン、サイクリング、クロッケー、クロスカントリーなど
全員参加。多くの生徒が複数のクラブ活動を行っている。ソサエティー数（クラブ活動の種類）は60	福祉や社会問題を扱うクラブ・ソサエティー活動が行われる。とくに、アムネスティ・インターナショナルや、チベット支援クラブ（Aid for Tibet Society）、サスティナビリティー委員会が活発に活動を行っている
チャリティー活動、地域交流、近隣学校とのパートナーシップ、学校施設の貸し出し	フォースフォームでは金曜日の午後に、各生徒が選択したアクティビティを行う 14歳以上の生徒は、軍事訓練（第五章参照）、イギリス・エディンバラ公国際アワード計画、もしくはコミュニティーサービスを行う

イートン校	ラグビー校
課外活動（音楽）	
50%の生徒が楽器演奏を学んでおり、３つの交響楽団、４つの聖歌隊、２つの楽団、ジャズバンドなどがある。生徒は「国家青少年楽団」（National yourh orchestra）に頻繁に参加している	器楽や声楽、聴覚や理論の指導、Sight-reading and sight-singing の技術、室内楽団、オーケストラ、合唱、ジャズやロック、演劇音楽、作曲、学問としての音楽、chapel tradition、オルガン、コーラスの奨学金を目指す生徒のための設備がある
課外活動（演劇）	
最高レベルの演劇活動（A-level drama）が実施されていると思われる。12名ほどの生徒は有名な演劇学校にも属している。著名なエディンバラ・フリンジ・カンパニーには卒業生、在学生が参画している	Trinity term の最終週に３日間の Rugby School Arts Festival を開催し、多数の生徒が参加する
課外活動（スポーツ）	
ラグビー、サッカー、クリケット、テニス、アスレチックといった野外競技は新入生の必修活動。さらには水泳やポロ、空手といった15のオプションが用意されている	主なスポーツの試合は、火曜日と土曜日に行われるが、平日の午後にはコーチによるスポーツの指導が行われる。学期ごとに提供されるスポーツから選択 ●第一種目（Major games） 男子生徒：ラグビー、ホッケー、サッカー、クリケット、テニス、陸上 女子生徒：ホッケー、ネットボール、テニス、ラウンダーズ、陸上 ●第二種目（Option stations） バドミントン、バスケットボール、クロスカントリー、ファイブズ、ゴルフ、ポロ、ラケットボール、7人制ラグビー、ヨット、スカッシュ、水泳、水上ポロ
課外活動（クラブ活動）	
40以上のクラブがある	政治、経済、法律、ビジネス、生物、化学、地理、歴史、数学などを研究するアカデミックなクラブ、ロボット、寺院、チェス、詩、ギリシャ語、ラテン語などの趣味教養系クラブ、その他数学オリンピッククラブなど、50以上のクラブがある
その他の活動	
地域支援活動（地元小学校、心身障害者施設などでの活動、イートン校のイベントに要する費用の募金活動など）	毎週木曜日に、シックスフォームの学生はコミュニティーサービスを行う

ハロウ校	マーチャント・テイラーズ校
99%が大学に進学（そのうち50%はギャップイヤーをとる） 15%がオックス・ブリッジに進学	25%がギャップイヤーをとる 16%がオックス・ブリッジに進学
35%が人文・社会科学系、30%が科学・工学系、15%が法学、５%が芸術・デザイン、４%が歯学・薬学・獣医学、１%が演劇・音楽	15%が医歯薬・獣医学系、20%が科学・工学、41%が人文・社会科学系（経済学を含む）、10%が法学、５%が芸術・デザイン・音楽、１%が複合学位
20人	22人
●12の寄宿寮（House）がある ●最初の２学年は２人部屋、その後は１人部屋	●完全通学制であるが、ハウスシステムを取り入れており、生徒は８つのHouse グループで編制される ○Andrewes, Clive, Hilles, Manor of the Rose, Mulcaster, Spenser, Walter, White
校内に住む献身的な教師、有望な生徒、全人教育の順守、質の高いパストラル・ケア House Master（寮長）、Deputy House Master（副寮長）、Matron（寮母）、Tutor（チューター）の他、上級生が訓練を受け、peer mentaring を行うなど Peer support も整っている。Head of the house や Deputy head といったハウスの代表生徒の役割も大きい。また、学校心理士やカウンセラー（listening ear）の役割を果たす外部の専門家も配備	【House Tutor 制度】 ８つの House があり、パストラル・ケアと、学術指導の中心となっている 生徒の入学時に、教員のなかから Tutor（チューター）が選ばれ、学校生活全般においてケアを受ける。チューターは、毎週木曜日の朝に25分間生徒と面談をする。各チューターが受けもつ生徒の数は、最大で14名で、各学年から２名以上の生徒が同じチューターの担当になる

イートン校	ラグビー校
大学進学率とGYギャップイヤー（参照：Guide to Independent School）	
96%が大学に進学（そのうち60%はギャップイヤーをとる） 30%がオックス・ブリッジに進学	34%がギャップイヤーをとる 12%がオックス・ブリッジに進学
進学先の専攻	
74%が人文・社会科学系、20%が科学・工学系、４%が歯学・薬学・獣医学、１%が芸術・デザイン、１%が演劇・音楽	５%が医学、22%が科学・工学、34%が人文科学、31%が社会科学、７%が芸術・演劇・音楽
オックス・ブリッジ進学実績（年平均、2014年データ）	
60–80人	16人
House（主に寄宿寮）	
●25の寄宿寮があり、トップ70名が入る寮は「College」、一般の生徒が入る寮は「House」と称される ●【House Master】生徒の全ての学校生活に責任をもつ。運営にあたっては、Dame（下記）及びDameの補助者等のスタッフによって運営がなされる ●【Dame】寮の管理や生徒の心身の健康管理を行う。 （以下のURLに氏名一覧あり　http://www.etoncollege.com/Boarding.aspx?nid=c1314b44-a103-4b2a-9de8-0359dd3d5958）	●13の寄宿寮（House）がある ○男子：Cotton, Kilbracken, Michell, School Field, School House, Sheriff, Whitelaw ○女子：Bradley, Dean, Griffin, Rupert Brooke, Stanley（シックスフォーム用）, Tudor ●男女各１つずつDay House（通学制用のハウス）がある ○男子 : Town (Day) ○女子：Southfield (Day)
生徒のサポート体制	
House Master（寮長）、Dame（寮母）、Deputy House Master（副寮長）、Assistant Master（寮長補佐）、Dame's assistant（寮母補佐）のほか、Personal tutor（チューター）が個々の生徒に付く。	Resident Home Master/Mistress（寮長）、Assistant Home Master/Mistress（寮長助手）、Matron accommodation（寮母）

第一章　なぜパブリック・スクールは世界の親を魅了するのか

パブリック・スクールとはどんな学校か

パブリック・スクールは富裕階層や名士が高額の授業料を払って学ぶ学校のようなイメージが先行しているが、その起源や設立趣旨を振り返ってみると、印象とはかなり異なってくる。

まずは、「パブリック・スクール」とは何かを確認しておこう。

パブリック・スクールという名称は、中世ラテン語の publicae scolae に由来する。それは、前身がギリシャ語およびラテン語の文法を教える学校（グラマー・スクール）だったことによる。パブリック・スクール自体は法制上、明文化された言葉ではなく、もともと身分と境遇、それに地域の特殊性を排除して「公開された学校」という意味で使われてきた。

一四世紀のイギリスに、王族、貴族、富豪の基金を元に建てられたグラマー・スクールが現れ、それらが貧困層の少年たちを無償《むしょう》で受け入れた。最初は学校の周辺の地域からのみの募集であったものが、イギリス全土からの募集となったことも、パブリック・スクールと呼ばれるようになった理由である。「公共の福祉に役立ち得る可能性をもった人間であるならば、その身分や職業は問わない」ということや、基金の受益者がその出身、境遇、地域の別を問わないことも、パブリックという言葉は意味している。

イギリスでは私立の学校を「独立学校（Independent School）」と呼ぶが、これは一九四四年の教育法で初めて使われた公立学校（State School）とは別の学校を指す言葉だ。パブリック・スクールはこの独立学校に属し、国や地方自治体に財源を頼らず、授業料、寄付、投資などで運営されている。したがって、学校の登録や査察などを除き、国や地方当局の管轄《かんかつ》下にはない。日本の私立学校に比べるとかなり自由に、自分たちの教育を行うことができるのである。

独立学校委員会の調査によると、独立学校はイギリス全土に約二六〇〇校（生徒数は約六二万五〇〇〇人）あり、パブリック・スクールはその一割ほどにすぎない。実は、パブリック・スクールの定義は明確でなく、一八六九年に設置された校長協議会（ザ・ナインによって作られ、その後、参加校が増えた）、あるいは一九四一年に設置された理事会連盟の加盟校であるとする考えが一般的である。校長協議会加盟校とするならば、その数は二四三校。他にも、「ハウス（寮）制度を基本とした寄宿制学校」というものもあるが、現在、寄宿制の学校は減少している。他に「社会の特定階級と密着した学校を特徴とする学校群」とされることもある。

最も狭義で捉えるのが、一八六一年に設置された王立委員会「クラレンドン委員会」の調査対象校で、それが「ザ・ナイン」を指すことは「はじめに」で書いたとおりである。

グラマー・スクールが前身

前述のとおり、パブリック・スクールは中世のグラマー・スクール（文法学校）を前身とする。グラマー・スクールは中世ヨーロッパで学問の基礎とされたギリシャ語およびラテン語の文法を教える学校であったことから、その名称がつけられた。紀元前二世紀ごろから存在しており、中世初期の教会の発展とともに司教座聖堂、または主教座聖堂（教区の中心となる教会のことで、カトリック教会では「司教座聖堂」、イギリス国教会では「主教座聖堂」と呼ぶ）や修道院に次々とグラマー・スクールは作られていった。イギリスの学校の起源は、このグラマー・スクールとソング・スクール（唱歌学校）にあるとされる。

そんななか、イングランド南部の都市、ウィンチェスターの司教であったウィッカムが、一三八二年に初めて上流階級の子弟を対象としたグラマー・スクールを作った。これがウィンチェスター校である。それ以前のグラマー・スクールは、親の出身や身分によって入学に制限を加えていたのに対して、ウィンチェスター校は富裕階層の子どもたちを受け入れた。その結果、家庭教師のもとで学ぶのが普通だった貴族の子どもたちも入学するようになっていく。その後、能力は高いが貧しい子どもも受け入れていくようになり、〝開かれた学校〟になっていったのである（なお、数々の変遷を経て現在、グラマー・スクールは完全選抜型の国立の中等教育学校を指すようになっている）。

以後、数多くのパブリック・スクールが生まれ、ザ・ナインが形成された。さらに、二〇世紀に入っても、一九三四年設立のゴードンストウン校、一九六二年設立のアトランティック校など新しい学校が全国各地に誕生、この二校のようにザ・ナインに匹敵するくらい高く評価される学校も出てきている。

イギリスにおけるザ・ナインの所在地。ウェストミンスター校の位置がロンドン市街地に当たる

パブリック・スクールには、一般的には一三歳で入学する。そして一八歳までの五年間、寄宿舎生活を送る。以前は男子校ばかりだったが、ゴードンストウン校など新しくできた学校が男女共学に踏み切り、他の学校も追随するようになった。ザ・ナインのなかでもウェストミンスター校やラグビー校は共学である。ちなみに、それぞれ学校名の下には「スクール（School）」、

もしくは「カレッジ（College）」がつく。ウェストミンスター校、ハロウ校、ラグビー校は「スクール」、イートン校、ウィンチェスター校などはカレッジであるが、本書では日本で広く使われている「校」で統一する。

日本の高校生がイートン校で学ぶ

そんなパブリック・スクールへの注目度が、にわかに日本でも高まっている。

その大きな要因のひとつが「ハリー・ポッター」シリーズであろう。世界的なブームとなったファンタジー映画で映し出された寮生活のシーンは、まさにパブリック・スクールそのものであり、憧《あこが》れの眼差《まなざ》しをもって古きよき西欧の伝統を観た人も多いのではないだろうか。「ハリー・ポッター」に限らず、イギリス文化にパブリック・スクールが与えた影響は計り知れない。たびたび文学作品や映画の舞台になっている。しかし、文化面以外にも、近年はパブリック・スクールの教育に対して憧れを抱く日本人が増えてきた。まずはその例をいくつか紹介してみたい。

読売新聞のオンライン版に「帰国したくない生徒続出……英国名門校で学ぶ夏」という記事が掲載されている（二〇一四年七月二三日）。イートン校における外国人英語学習者を対象としたサマースクールに毎年参加する学習院女子中等科・女子高等科の生徒を題材としたものである。

三週間の「学習院・イートンプログラム」は一九九五年から始まった。当初の定員は二五名。参加希望者は毎年多数に上り抽選で決めていたが、二〇一四年からはその枠を四〇名にまで増やした。人気の秘密は、イギリス文化を知り、伝統ある上流階級の英語に触れ、洗練された立ち居振る舞いを見ることで刺激を得られる点である。このサマースクールに参加したいがために、学習院女子を選択したという生徒もいるそうだ。

寮は質素で、授業は毎朝八時半からスタートし宿題も多い。日本との通信は禁止である。スマートフォンが手放せない現代の若者にとっては、かなり過酷な環境だろう。にもかかわらず、タイトルにもあるように、帰国が近づくと生徒たちは「日本に帰りたくない」と泣きだすというのだ。ある参加者は「イートン校を通じてイギリスという国に触れたことで、もっといろいろな国に視野を広げなくてはと痛感した」と語っている。また、「イギリス人は自国のことをよく知っている。私たち日本人は自国のことをきちんと説明できない人が多い。この経験は、これからの人生やものの考え方にとてもよい影響があった」という声もあった。自分自身の国である日本の文化、歴史、政治といったものを十分に理解し、相手に説明することの重要性を認識したことは、大きな成果と言ってよいだろう。

名門パブリック・スクールへの訪問はこの学校に限ったことではない。

たとえば、二〇〇八年には東京都の巣鴨高校、明治大学付属明治高校、大阪府の金蘭千里高校、岡山県の岡山中学・高校、広島県の広島学院高校、そして熊本県の県立熊本高校などがイートン校やハロウ校の夏季プログラムに参加している。とくに岡山中学・高校は、高校の修学旅行として一学年の全員がイートン校を訪問する徹底ぶりである。二〇〇六年に創設された中高一貫の私立男子校である愛知県の海陽学園（海陽中等教育学校）も、イートン校の夏季プログラムに参加する学校のひとつだ（海陽学園はハロウ校のサマープログラムにも参加している）。設立した年にはイートン校から教師を招き、一年間にわたって授業や学寮制度に関するアドバイスを受けるほど同校とイートン校との関係は深い。

目立つ中国、ロシアの富豪の子どもたち

次は、イートン校に挑戦した親子の挑戦記である（「世界的名門ウィンチェスターに、イートンに合格！　母と子の英国パブリックスクール挑戦記」、「クーリエ・ジャポン」電子版　二〇一七年三月号）。

記事の筆者はシンガポールに在住するモウリー康子。息子二人はロンドンで生まれたものの、夫はフランス人で、ご本人も日本の公立学校の出身である。両親ともにパブリック・スクールには縁もゆかりもない。長男は日本のインターナショナル・スクールに通っ

ていたのだが、進学に当たってボーディング・スクール（寄宿学校）、なかでもイギリスのパブリック・スクールに注目したのだった。

記事は、どうやって名門パブリック・スクールに合格したのかなど受験突破の奮闘ぶりが中心に描かれているが、「英国のモダンエリート育成教育は開かれたものです」と書いているところがとても興味深い。実際、モウリー康子が書くように、パブリック・スクールは決して恵まれた一部の人たちの教育機関ではない。だからこそ、イギリス以外の国の人たちも目指すのである。

「全寮制の学校に吸い寄せられる優秀な頭脳　世界から秀才を集めるボーディングスクール」（「週刊東洋経済」二〇一三年七月六日号）などでも触れられているように、世界的にパブリック・スクールの人気は高まっている。なかでも近年目立つのが中国、ロシアの富豪の子どもたちである。二〇一三年二月一二日付の「ザ・デイリー・テレグラフ」紙（「The Telegraph "The little Russians learning to be British"」）によると、両親がロシアに住むパブリック・スクールの生徒の数は、二〇〇七年の八一六人から二〇一二年には一七二二人と倍増した。理由として、「イギリスのパブリック・スクールの世界的な名声、素晴らしい教育と円熟した個人を育てているという認識、かつての大英帝国の名声とリーダーシップがロシア人を惹きつけている」と同紙は解説している。

パブリック・スクールの関係者から筆者が直接聞いた話によると、中国人やロシア人の親のなかには「いくらでもお金を積むから子どもを入れてくれ」と懇願《こんがん》する人もいるそうだ。いずれにしろ、中国、ロシア、さらに中央アジア（石油を埋蔵するカザフスタンやアゼルバイジャンなど）あたりからの入学者が急増中だという。中近東の石油系の大富豪や、インドやアフリカの名家の子どもたちも真のリーダーシップ教育を目指してパブリック・スクールの門をくぐっている。

独立学校委員会の二〇一六年の調査によると、パブリック・スクールの五人に一人が非イギリス人で、そのうちの一七・六％の出身地が香港、一〇・三％がロシア、七・一％がドイツで、以下、スペイン、ナイジェリアと続く。基本的にアジアからの生徒は優秀なのだが、あまりにもアジア人が増えすぎてしまい、ウィンチェスター校にいたっては中国本土からの生徒の受け入れを停止するまでになっている。

ちなみに、北京や上海、香港、タイにはハロウ校の分校（ハロウ校インターナショナル）がある。そちらも定員がいっぱいだという。「アジアの全寮制で学力と体験を　英国式ボーディングスクールが次々誕生」（「ＡＥＲＡ」二〇一五年一一月九日号）ではクアラルンプールにあるイギリス式（＝パブリック・スクール式）教育を施す学校の人気ぶりが紹介されているが、それにも書かれているようにイギリス式学校のアジア圏進出は目ざましい。それだけニーズが高いということであろう。アメリカでも、ビジネス・エリートほどパブリック・スクールをモデルにしたボーディング・スクールに子どもを進学させる割合が高いと言われている。

では、肝心の日本はどうなのだろう。

先の学習院女子のケースのように、学校単位ではかなり活発になってきた。しかし、実際に入学するとなると、中国や他のアジア諸国ほど目立たないのが実情である。「日本の若者は内向き志向で、それが日本人の海外留学者数の減少につながっている」とよく言われるが、たしかに日々学生と接していると、とくにアジアから来た留学生とでは積極性に大きな差があると実感する。その理由としては、海外留学の費用や、言語の障壁もあろうし、日本では日々の生活や就職する際に英語などの語学の必要がないため、海外留学に行こうとする学生も必然的に少なくなるのだとも考えられる。

それでも、好奇心や冒険心にあふれた若者は、いつの時代でも一定数はいるものだ。しかも、インターネットが発達し情報が入手しやすくなったこともあって、日本からザ・ナインに入学する学生は着実に増えている。

ラグビー校では「毎年複数名の日本人が入学する」そうだ（学校全体で一〇名程度）。ハロウ校では学年に一～二人とのことだから、全学年で五名ほどになる。筆者は、ハロウ校在学中の日本人生徒四名と直接会うことができた。彼らが語ったハロウ校を目指した理由は、「ここを卒業して、いつか社会に出たときに、何かができる可能性が感じられたから」、「多くの授業科目や活動を提供しているので自分の得意な分野や好きな分野を見つけやすく自分の特性をその分野にいかせる」などだった。

パブリック・スクールでは、多様な側面から、成績発表や、クラブ活動成果の発表が行われているが、「優越感や劣等感を感じることはあるか」という問いには誰もがNOと答えた。日本では頑張っている生徒が足を引っ張られたり、陰口を言われたりするので、努力していることを隠す傾向があるが、パブリック・スクールでは成績優秀な生徒は嘲笑《ちようしよう》の対象にはならない。優秀な生徒が人一倍努力している姿を見ているからである。生徒たちは上位クラス在籍者、または表彰される生徒たちが努力をしてその地位を獲得していることを寮生活のなかで見てきているので、彼らが受賞するのは当然だと考えている。ハロウ校で日本語教師を務める松原直美《まつばらなおみ》によれば、自分が劣等感を感じるよりも、むしろ受賞者に対する賞賛の念が生じるということだ。

イートン校やハロウ校との仲介をする日本事務所も出てきており、おそらく相当数の日本人の子どもたちがザ・ナインを含むパブリック・スクールに進学していると推定される。日本でのメディアの取り上げ方を見ても、今後ますますパブリック・スクールは身近な存在になり、イギリスに渡る子どもたちも増えていくものと思われる。

真のリーダーはパブリック・スクールの卒業生

しかし、そもそもなぜパブリック・スクールは、これほどまでに世界の注目を集めるのだろうか。先の『母と子の英国パブリックスクール挑戦記』のなかで、イギリス人のジャーナリストであるコリン・ジョイスは次のように語っている。

「英国のエリートは、大学に行く前からすでにネットワークを築いている。つまり、オックス・ブリッジ出身だからエリートなのではない。パブリック・スクール出身だからエリートなのだ」

このように言われると驚かれるかもしれないが、実際、イギリスではオックスフォード大学やケンブリッジ大学（合わせてオックス・ブリッジと呼ぶ）を卒業しただけでは真のエリートとはみなされないのだ。

ちなみに、橘木俊詔《たちばなきとしあき》によると、エリートとは「指導者層として国家なり社会、経済を先頭に立って動かす人」、市川昭午《しょうご》によると「卓越した能力と心構えを基準に選抜され、人々の尊敬を集める威信、他者に自分の意思を強制できる権力及び一般の人々よりも優れたスキルを有し、一定の集合意識をもち、全体社会に関する意思決定を行うなど、社会的指導力を発揮できる機能集団」と定義される。理念的には「高潔な倫理観、幅広い教養と高邁《こうまい》なる精神、国家に対する忠誠心と社会に対する使命感を有する選ばれた人々」とも言えよう。

行き届いた教育で知られるパブリック・スクール。独立学校のなかのたった七%である。名門中の名門であるザ・ナインで学べる子どもとなるとその割合はもっともっと小さくなる。人数が少ないうえに、ザ・ナインの多くではハウス（寮）を中心とした寮生活を送るわけだから、自然と人的なつながりは濃密で強固なものになる（ザ・ナインのなかのセント・ポールズ校とマーチャント・テイラーズ校は通学制）。それはオックス・ブリッジなどを経て、社会に出てからも活かされるし、先輩後輩という縦のつながりも加わる。さらに、施されるリーダーシップ教育が徹底しているとなると……。ジョイスが言うこともうなずける。

そうは言ってもオックス・ブリッジの知名度、社会的評価は絶大である。「ハリー・ポッターと賢者の石」の「ホブワーツの食堂」の撮影は、オックスフォード大学のクライストチャーチ・カレッジの食堂だ。両校の卒業生はイギリスにとどまらず、アメリカやヨーロッパ、アジアでも活躍しているだけに、オックス・ブリッジに何名進学させることができたかは、その学校の人気や評判に直結する（この点は、東大を頂点とした偏差値の高い大学の合格者を何人出したかが問われる日本の高校と変わらない）。

表 1-1　ザ・ナインの設立年度と進学の比較

学校名	設立年度	オックス・ブリッジ進学者割合／最終学年人数	医学部・海外大学進学者割合
ウィンチェスター校	1382年	37%／138名	—
イートン校	1440年	30%／260名	4％ 医学部
セント・ポールズ校	1509年	29%／172名	9％ 医学部 17% 海外大学（大多数が米国アイビーリーグおよび同等校）
シュルズベリー校	1551年	9％／185名	6％ 医学部
ウェストミンスター校	1560年	47%／189名	6％ 医学部 10% 米国大学
マーチャント・テイラーズ校	1561年	12%／141名	2015年度は1名米国大学（2016年度は全員イギリス大学）
ラグビー校	1567年	12%／170名	4％ 医学部 5％ 米国大学
ハロウ校	1572年	20%（アイビーリーグ含む）／181名	—
チャーターハウス校	1611年	14%／180名	6％ 医学部 3％ 海外大学

表1-1をご覧いただければわかるように、ウェストミンスター校は、ほぼ半数の卒業生がオックス・ブリッジに進学する。ウィンチェスター校は三七%、イートン校は三〇%。進学率が低い学校でも一割を超えるところがほとんどだ。東大合格者数で日本一を誇る開成高校は一学年が約四〇〇名、東大合格者は一六九名（二〇一七年）だから進学率は四割強である。当然、東大進学率ナンバー1で自他ともに名門校と認めるところだろうが、パブリック・スクールの場合、オックス・ブリッジへの進学率ナンバー1が、名門中の名門とならないところが面白い点である

（パブリック・スクール全体で見るとオックスフォード・ブリッジともに、その出身者は在学生の四二％。「社会移動及び児童貧困委員会」二〇一三年調査によれば、近年平等性の担保から、オックスフォード・ブリッジでは、私立校・公立校・外国人枠の入学割合が決まっているので、パブリック・スクールからのオックスフォード・ブリッジ合格者は減少している。しかし、この状況でもザ・ナインは一定数の合格者を出している）。

イギリスで名門中の名門パブリック・スクールと呼ばれているのはイートン校だが、オックスフォード・ブリッジへの進学率は三〇％である。ほとんどの生徒は、ラッセル・グループ（オックスフォード・ブリッジのほか、ロンドン・スクール・オブ・エコノミクス、エディンバラ大学、マンチェスター大学などイギリスの一流の研究大学で構成されるグループ）に属する大学に進む。やはり超進学校であることは間違いない。しかし、イートン校が名門中の名門と目される理由は、進学実績とは別のところにある。このあたりが、パブリック・スクールがリーダー育成の面で高く評価される秘密なのであるが、これについては第三章以降で詳しく述べることにしよう。

選ばれし人々

「タイムズ・ハイアー・エデュケーション（ＴＨＥ）世界大学ランキング」をはじめと

した大学ランキング（「教育リソース」「教育満足度」「教育成果」「国際性」などを指標にランク付けしたもの）で常に上位に位置するオックスフォード大学とケンブリッジ大学への進学率に加えて、パブリック・スクールの声望を高めているのが、卒業生たちの活躍である。

現在のテリーザ・メイ首相はグラマー・スクール（選抜型の国立の中等教育学校）出身だが、一代前の首相であるデヴィッド・キャメロンはイートン校のOB。「鉄の女」と呼ばれたマーガレット・サッチャー以降は比較的少ないが、それでも歴代のイギリスの総理大臣五四名のうち、パブリック・スクール卒業生は三二名で約六〇%を占める。

表1-2　職種や役職に占めるパブリック・スクール出身者の割合　（単位は%）

職種もしくは役職	パブリック・スクール	オックスブリッジ
公務員	**50**	61
高等裁判所及び裁判官	**83**	83
弁護士	**89**	89
イギリス国教会司教	**59**	71
大使	**69**	82
大手保険会社の取締役	**92**	50
銀行の取締役	**70**	47
銀行の会長	**83**	67
イングランド銀行の取締役	**78**	89
証券会社の会長	**88**	59
40大企業の取締役	**66**	40

出典：Whitty, G. Edward, T. and Fitz, J. 1989: 17.

表1-2は二〇世紀末の調査であるが、企業のトップや弁護士、官僚などではパブリック・スクール出身者の占める割合がとくに高いのがわかる。大手保険会社の取締役は九割以上、弁護士や証券会社社長は九割近くも占めている。保守党の国会議員だと五四・二%がパブリック・スクール出身者、労働党は支持母体からいっても当然少なくな

るが、それでも一四％。意外なところではウェストミンスター寺院などの聖職者は、高い割合でパブリック・スクール出身者だ。日本と違ってイギリスで聖職者は、権威と同時に大きな権力をもっている。

大企業（金融に強いイギリスだと保険や銀行が大企業の代表）と呼ばれるようなところに行けば、それこそ「石を投げたらパブリック・スクール出身者に当たる」といった状況であろう。先述したようにパブリック・スクールを出ることで人脈が大きく広がるのだから、それもうなずけようというもので、社会を出る前にアドバンテージを得た形だ。日本では慶應義塾大学のOB会である三田会が企業ごとに設けられるなど、その「強固なつながり」で話題になることが多いが、それが各校ごとにあると考えてもらうとわかりやすいかもしれない（筆者の印象では、ザ・ナインのOBのつながりは三田会よりももっと強い）。「パブリック・スクール出身だからエリート」が言いすぎではないことは、この表を見てもわかるだろう。

近年になってからも、パブリック・スクール出身者が社会の要職にどの程度ついているか、さまざまな調査が行われている。結論から言うと、一九八〇年代の調査と状況はさほど変わっていない。業種によっては、むしろパブリック・スクール出身者が増えているものもある。

・二〇〇九年のサットン・トラストの調査
医師の五一％、法廷弁護士の六八％、メディア関係者の五四％がパブリック・スクールの出身者。その数値は一九八〇年代の半ばからほんの少し落ちているかあるいはまったく落ちていない。医師はまったく落ちておらず、メディア関係者に関しては七％も上昇している。
・二〇一四年のサットン・トラストの調査
金融サービスやその他多くの高給取りの六〇％はパブリック・スクールの出身者。最上位の裁判官の相当数が、イートン校やハロウ校の出身者だった。
・二〇一四年の「社会移動及び児童貧困委員会」の調査
上級裁判官の一〇人に七人、将軍や将校の一〇人に六人、事務次官、上級外交官、重要紙誌の編集者やコラムニストといったメディアリーダーたちの半数以上がパブリック・スクール出身者。同調査では、ポップスターの二二％がパブリック・スクールの出身者であることもわかった。

パブリック・スクールの問題点

もっとも、パブリック・スクールにも問題がないわけではない。

何よりも学費が高い。そのため、富裕層、あるいは親の理解がある家庭の場合はOKだが、貧困層の入学は困難である。名門パブリック・スクールでは、女子生徒が入れない場合も多く、男子生徒と女子生徒の格差が生じる、という点も大きい。

また、入学までには長期間の準備が欠かせない。多くの子どもたちは私立のパブリック・スクール進学準備校である「プレップ・スクール」に五歳ないし六歳で入る。ここでの数年間の平常点や試験結果、学校での貢献度や校長の推薦文、一三歳までに受ける入学試験の結果をすべて包括的に鑑みて入学が決まるのだ。イギリスをはじめヨーロッパでは大学進学を含めて大人になった際の職業選択など将来の道筋決定が極めて早い時期に行われるが、一〇～一一歳で大まかな道筋が決まってしまう、というのはいかがなものだろう。大器晩成型の人間、他に能力がありそうな人間が切り捨てられる恐れが大きいとは言えまいか。

多士済々なOBたち

表 1-3　イギリスと日本の学制の違い

<table>
<tr><th colspan="4">日本</th><th colspan="7">英国</th></tr>
<tr><th colspan="2"></th><th>学年</th><th>歳</th><th>Year
(学年)</th><th colspan="3">公立</th><th colspan="3">私立</th></tr>
<tr><td colspan="2"></td><td rowspan="4"></td><td>2</td><td rowspan="4"></td><td colspan="3" rowspan="4">Nursery School</td><td colspan="3" rowspan="4">Pre-Prep School</td></tr>
<tr><td colspan="2" rowspan="3">幼稚園</td><td>3</td></tr>
<tr><td>4</td></tr>
<tr><td>5</td></tr>
<tr><td rowspan="9">義務教育</td><td rowspan="6">小学校</td><td>1</td><td>6</td><td>1</td><td rowspan="11">義務教育</td><td rowspan="2">Infant School</td><td rowspan="6">Primary School</td><td colspan="3" rowspan="6">Preparatory School</td></tr>
<tr><td>2</td><td>7</td><td>2</td></tr>
<tr><td>3</td><td>8</td><td>3</td><td rowspan="4">Junior School</td></tr>
<tr><td>4</td><td>9</td><td>4</td></tr>
<tr><td>5</td><td>10</td><td>5</td></tr>
<tr><td>6</td><td>11</td><td>6</td></tr>
<tr><td rowspan="3">中学校</td><td>1</td><td>12</td><td>7</td><td colspan="2" rowspan="5">Secondary School</td><td rowspan="7">女子
Public/
Senior School
Day/
Boarding</td><td rowspan="7">男子11歳
Senior School
Day/
Boarding</td><td></td></tr>
<tr><td>2</td><td>13</td><td>8</td><td rowspan="6">男子13歳
Public School
Day/
Boarding</td></tr>
<tr><td>3</td><td>14</td><td>9</td></tr>
<tr><td colspan="2" rowspan="3">高等学校</td><td>1</td><td>15</td><td>10</td></tr>
<tr><td>2</td><td>16</td><td>11</td></tr>
<tr><td>3</td><td>17</td><td rowspan="6"></td><td colspan="3" rowspan="2">6th form</td></tr>
<tr><td colspan="2" rowspan="5">大学
または
短大</td><td rowspan="5">4年
または
2年</td><td>18</td></tr>
<tr><td>19</td><td colspan="6" rowspan="4">大学３年または４年</td></tr>
<tr><td>20</td></tr>
<tr><td>21</td></tr>
<tr><td>22</td></tr>
</table>

では、何人か有名なパブリック・スクールの卒業生を挙げてみよう。

・ウィンチェスター校

西欧中心の歴史観だけではなく、イスラムや仏教にも着目したことで日本でも著名な歴史家、アーノルド・トインビーは、最も有名なウィンチェスター校出身者の一人だろう。一九二〇年代にエベレストを目指した登山家のジョージ・マロリーも著名なＯＢだ。同校は詩人などの著述家、音楽家を多数輩出している。数学のゴッドフレイ・ハロルド・ハーディなど、優れた業績を残した研究者も多い。

・イートン校

イアン・フレミング（『ジェームズ・ボンド』シリーズの作家）、ピーター・ベネンソン（弁護士。国際的な人権団体であるアムネスティ・インターナショナルの設立者）、ウィリアム王子、ヘンリー王子などがいる。ウィリアム王子に限らず、イギリス王侯貴族の子弟の多くがイートン校に通っている。過去に一九名の首相を輩出しており、首相の数としては最多を誇る。

・セント・ポールズ校

トーマス・グレシャムの名前は知らなくても、「悪貨は良貨を駆逐する」というグレシャムの法則をご存じの方は多いだろう。第二次大戦でドイツ軍を破った国民的英雄バーナード・ロー・モントゴメリー将軍も同校のOBだ。変わったところでは、哲学者にしてヨガの指導者として知られるオーロビンド・ゴーシュもセント・ポールズ校で学んでいる。

・シュルズベリー校

一番の著名OBは進化論のチャールズ・ダーウィンだ。ダーウィンは一八一六年から二五年までシュルズベリー校で学び、エディンバラ大学に進んだ。コメディ集団「モンティ・パイソン」のメンバーの一人、マイケル・ペイリンも卒業生。ペイリンはオックスフォード大学に進み歴史学を修めた。ディスクジョッキーとしてイギリスでは著名なジョン・ピールも同校のOBである。近年はプロサッカー選手を多く出している。

・ウェストミンスター校

女性のIT起業家として著名なマーサ・レーン・フォックスはウェストミンスター校のOG。「直前予約に強い」を謳い文句にしたラスト・ミニッツ・ドットコムを立ち上げ名を馳せた。彼女は同社を売却し近年、ツイッター社の取締役にも就任している。他にも、ミュージカル作家のアンドリュー・ロイド・ウェバーや、英国アカデミー助演女優賞俳優のヘレナ・ボナム・カーターなどが著名。『くまのプーさん』シリーズのアラン・アレクサンダー・ミルンもウェストミンスター校の出身である。

・マーチャント・テイラーズ校

イギリスの高級紙「タイムズ」はマーチャント・テイラーズ校の卒業生であるジョン・ウォルターによって創刊された（一七八五年）。同校の卒業生には著名な学者が多く、新古典派を代表する経済学者であるアルフレッド・マーシャルはその代表である。日本では岩波新書の『歴史とは何か』で知られるエドワード・ハレット・カー（E・H・カー）も有名だろう。

・ラグビー校

ラグビー校の出身者は何と言っても、ルイス・キャロルだ。『不思議の国のアリス』で知られるキャロルは、ラグビー校を経てオックスフォードに進み数学教師になった。そのかたわら創作活動を行い、世界的な名作を生み出した。ヒトラー・ドイツと相対した元首相のアーサー・ネヴィル・チェンバレンも同校のOB。なお、サッカーの試合中にボールをもって走りラグビーが生まれるきっかけを作ったとされるエリス少年（ウィリアム・ウェッブ・エリス）は、オックスフォード大学を経て聖職者となった。

・ハロウ校

最も有名な人物は、ウィンストン・チャーチル元首相だろう。インドの初代首相であるジャワハルラール・ネルーもハロウ校の出身だ。リチャード・カーティス（コメディー脚本家）、ジェイムズ・ブラント（歌手）など俳優や歌手・音楽家など、芸術・芸能関係者に著名なOBが多いのがハロウ校の特徴でもある。

・チャーターハウス校

ボーイスカウト運動は、イギリスの軍人であるベーデン＝パウエルによって創設された。彼は一八七〇年から七六年までチャーターハウス校で学んでいる。「タイムズ」で編集長を務めBBCの副会長にもなったリース・モッグや、BBCの政治討論TV番組の司会者としても知られるジャーナリスト、デヴィッド・ディンブルビーもチャーターハウス校のOBだ。

ザ・ナインではないが、ビジネスの世界ではリチャード・ブランソンがパブリック・スクールの出身者として著名だ。正確にはブランソンはストウ校中退なのだが、中古レコードの通信販売で成功を収め、レコードレーベルを創設、その後も、ヴァージン・アトランティック航空など多角化に取り組み、いまやヨーロッパを代表する経営者になっている。掃除機や空調、照明など他にはないユニークな家電製品で、日本でも大きく売上を伸ばしているダイソン社のジェイムズ・ダイソンもパブリック・スクールのひとつグレシャム校の出身者である。変わったところでは、「ミスター・ビーン」シリーズで知られるローワン・アトキンソンはセント・ビーズ校、オックスフォード大学を経て俳優の道に進んだ。

以上、ザ・ナインを中心にパブリック・スクールの出身者を見てきたが、「少ない」と感じた人もいるかもしれない。しかし、日本でも名前の通った人に絞った結果であり、イギリスはもちろん、ヨーロッパやアメリカで知られた人物は、それこそ数え切れないくらいいる。日本にいる私たちが思っている以上に、パブリック・スクールの卒業生はいろいろな世界、分野で活躍しているのである。

第二章　存在感を増す日本の私立中高一貫校

イギリスのパブリック・スクールに対応する日本の学校、それは、私立の中高一貫校であろう。第一章ではパブリック・スクールを概観したので、この章では日本の中高一貫校について眺めていくことにする。中高一貫校の歴史、存在感が高まった理由、さらにはそれが抱える問題点などである。

実は、中高一貫校が法的に制度化されたのは一九九八(平成一〇)年のことで、比較的新しい。意外に思われる人も多いだろうが、それまでも中学と高校が連携した中高一貫教育は行われていたものの、法律としてきちんと制度化されたのはこのときが初めてだった(実施は翌年四月から)。これを機に公立の中高一貫校も誕生した。

政府には「教育の多様化としての特色ある教育の実現」「効果的な教育の実現」「地域との連携強化による地域振興」などが法制化の意図としてあったようだ。二〇年近く経ち、それらが成果を上げているかどうかはひとまず措くとして、少なくともリーダー育成の面で中高一貫教育が重要な役割を果たしてきたことは間違いない。

リーダーに必要な資質は、可塑性《かそせい》の高い若年期、すなわち中等教育の時期に身につきやすい。その時期に大学受験対策ばかりに取り組むのでなく、勉強やクラブ活動、ボランティア、社会体験などさまざまな経験を積むことが人間の幅を大きくする。それがリーダーシップの育成にもつながっていくのだが、筆者が本書においてパブリック・スクールと同時に、日本を代表する中高一貫校を取り上げようと考えた理由もそこにある。

のちの章を読んでいただければわかるように、「中高一貫校＝単なる進学校」、受験重視の学校ではない。六年という期間を使ってしっかりと若者を育てている学校はたしかに日本にもある。そんな中高一貫校はどのような歴史をたどってきたのか、まずはそこから見ていくことにしたい。

中高一貫校の歴史

徳川幕府が倒れ、明治となったのは一八六八年、その一七年後の一八八五（明治一八）年に内閣制度がスタートした。初代の総理大臣は伊藤博文で、教育行政を司る初代の文部大臣には薩摩藩出身でイギリス留学の経験もある森有礼《ありのり》が就任した。森大臣のもと一八八六年に中学校令が制定された。この法律が指す中学校は現在の高等学校に相当する。そのため今では「旧制中学」と称される。

日本の近代教育は一八七二年の学制公布を嚆矢《こうし》とするが、当初は初等教育の充実に力が入れられていた。それに続いて一八七七年に高等教育機関として帝国大学（現在の東京大学）が誕生する。このように、中等教育についてはあまり力を入れて整備されてこなかった。中学校令によってようやく本格的に中等教育の充実が図られることになったわけで、法律の施行以降、全国各地に中学校が設置されていく。私立の学校も誕生する。

その後、一八九四年の高等学校令によって高等学校も誕生するが、こちらは現在の高校と違って大学に近い存在で、高等教育機関に相当するため、現在では旧制高校と称される。なお、旧制高校は大学へのつなぎ教育の機関として重要な役割を果たしてきたと筆者は考えているが、そのことは後に詳しく述べよう。

これら中学校、高等学校のほかに、小学校高等科や実業学校（＝中等教育）、大学予科、専門学校、師範学校（＝高等教育）などさまざまな教育機関が、学制改革が行われる昭和二〇年代前半まで存在した（複線型学校制度）。そのため、進路についても現在の「小学校→中学校→高校→大学」のように単純ではなかった。そのような状況でも「小学校（六年）→旧制中学（五年。四年で修了し上位学校への進学も可能）→旧制高校（三年）→大学（三年）」が理想的な進学コースとされていた。たとえば、東京だと地元の小学校から府立一中（現在の日比谷高校。当時は東京都ではなく東京府）に、そこから第一高等学校、東京帝国大学に進学、大阪だと小学校から府立一中（現在の北野高校）を経て、第三高等学校、京都帝国大学に進学、というのが多くの若者にとっての憧れだった。

一方で、一九一九（大正八）年に七年制高等学校が制度化される。七年制高等学校が誕生した背景には、中学校からの進学志望者数に比べて高等学校の定員が極端に少なく、毎年、多くの若者が高等学校浪人を余儀なくされたことを解消する目的があったと言われる。いずれにしろ財政事情が厳しい国に代わって、私学もその設立の担い手となった（官立二校、公立三校、私立四校）。七年を尋常科の四年と高等科三年の二つに分けていたものの、ひとつの学校で中等および高等教育機関を兼ねていたこともあって、これを「中高一貫校の原型」とする見方もある。とくに、武蔵高等学校（現在の武蔵中学・高校と武蔵大学）は数多くの学生を東京帝国大学に送り込むなど、進学校の側面もあった。

このように日本の中等教育制度は変遷したのだが、戦後になってさらに大きく変化する。それが、昭和二〇年代前半の学制改革である。

よく知られているように、戦争終結直後アメリカから教育使節団が来日、新しい教育システムの構築を諮問《しもん》し、それに沿った形で改革が進められた。教育課程は大幅に改編されてアメリカ式の単線型学校制度、すなわち「六・三・三・四制」の学校体系に変わる（小学校・中学校の義務教育化はその柱である）。中等教育について見てみると、一九四七（昭和二二）年に新制中学が発足、新制高校は翌年に誕生した。このとき、ほとんどの公立中学（旧制）は新制高校に移行したのだが、私立の中学のなかには新制中学と新制高校の両方を設ける学校も見られた。

のちに紹介する灘校、麻布、甲陽学院もこうした中高を併設した学校であり、これが現代の中高一貫校につながっていく。そもそも旧制中学は五年制であったため、それを中学ないし高校の三年に縮めるのではなく、一年延ばして中学と高校を合わせた六年にするのは経営的にも自然の流れであったと言えるだろう。

このように日本の中高一貫校は、イギリスのパブリック・スクールとは異なった形で誕生・発展していったのである。

躍進のきっかけとなった学校群制度の導入

新しい教育制度がスタートしたとは言っても、当時はまだまだ公立優位の時代である。すぐには中高一貫校に注目が集まるようなことはなかった。

実際、新制・東京大学（旧・東京帝国大学）の第一期生となる一九四九（昭和二四）年の入試では、日比谷がトップで三六名、そのあとも公立が続き、私立ではようやく開成が八位に入るといった状況である。新制高校の卒業生が受験する一九五一年の入試でも、トップは日比谷。二位が西、三位が小石川で、都立高校がトップ3を占めた。優秀な中学生ほど公立高校を目指す――。東京に限らず地方も同じような状態で、「いい大学に進学するには、県立のトップ高に入らなくてはならない」という風潮が戦後も長く続いた。一部の県では、県立トップ高に入るため「高校受験浪人も辞さず」という状態でもあった。

県立トップ高優位は、私立高校の少ない地方ではいまなお続いている。しかし、東京、大阪など都市部では公立優位が崩れて久しい。潮目が変わった要因、そのひとつが、一九六七年の東京都の学校群制度導入である。

数校の都立高校をひとつの「群」とし、入試に際して志願者は特定の学校ではなく、群を選択するのが学校群制度である。ひとつの群のなかで学力が均等になるように合格者を振り分ける、というもので、東京都のほか千葉県や愛知県などでも導入された。目的は高校間の格差をなくすためであるが、受験生にすれば「行きたいと思った学校」に進学できるとは限らないから、必然的に日比谷など上位校の魅力は低下した。以前ならば、間違いなく日比谷高校や西高校に進学していた生徒が、早稲田や慶應など有名私大の付属校を目指した。将来の大学受験も見据えて、中学から麻布や開成を受験させようとする親も増えてくる。また、大学入試対策に長《た》けた都立高校教員の大量異動も学校群制度の導入と同時に行われたのだが、その影響も大きかった。早くも一九六八年には、日比谷高校は灘校に東大合格者トップの座を明け渡すことになる。以後、公立高校が東大合格者数トップに返り咲くことはなかった（国立高校では、一九七一年に東京教育大学附属高校、一九七三年に東京教育大学附属駒場高校が首位になっているが、ここでは公立学校と私立学校との比較に限定する）。

もちろん、公立学校の制度変更だけが中高一貫校躍進の理由ではない。何よりも、それそれの学校の努力が大きい。とくに灘校や麻布、甲陽学院など進学校として全国に知られるようになる学校は、独自のカリキュラム、教材を導入し、子どもたちの学力向上を図っていった。ラ・サールもテストを活用して徹底した基礎固めを行っている。それらが功を奏し始めたのである。ただし、「一人でも多く東大に合格させる」という考えで行ったというよりも、これらの学校の場合は学力を高めることが子どもたちの可能性を広げる、という視点で行われてきたことをここで付記しておきたい（詳細は灘校、甲陽学院、麻布、ラ・サールの節で述べる）。

一九八一年に東京都の学校群制度が廃止されても流れは変わらない。私立の存在感はいっそう増したうえに、校内暴力という現象がこのころの中学で吹き荒れたことも中高一貫校の躍進に大きく作用した。「3年B組金八先生」というドラマで校内暴力が主題として扱われたことを記憶している人もいるだろう（一九八〇年の第二シリーズ）。いじめが顕在化し始めたのも八〇年代になってからだ。こうした問題は主に公立中学で起こっている。そのため、裕福な家庭から徐々に子どもを私立の中学に進学させるようになっていった。中学から有名私立に入学するには受験勉強が必須であり、塾の存在はますます重みを増していく。高度経済成長以来の所得の向上がそれを可能にした。

他にも中高一貫校の存在感が高まった要因はさまざまある。主だったものを挙げてみよう。

・少子化により、一人の子どもにかけられるお金が多くなった。結果、「少しでもよい教育を」という意識が高まり、私立への進学が増えた。東京都では約五人に一人の割合で中学受験をする時代になった（「平成二六年度　公立学校統計調査報告書」）

・バブル崩壊以後、就職難の時代が長く続いた。安定した会社、とくに大企業に就職するには、有名大学に進学するのが一番の近道である。そのため受験教育に力を入れる中高一貫校の人気が高まった

・一貫教育を行う学校自体も増加している。既存の中高一貫校以外に、高校単独だった学校が中学を併設したり、新しく中高一貫校が誕生したりで、中高一貫教育がいっそうポピュラーになった

その一方で、公立側も〝復権〟に向けて動き出している。

東京では都立高校の「進学指導重点校」制度がスタート。重点校にはやる気と指導力のある教員が配置されたほか、一般入試に自校作成問題も導入された。学年ごとに進学指導検討会を実施したり、模擬試験の結果を使って成績の推移を分析し、教科を超えて課題と

対策を考えるといったことも行われている。大阪府でも同様の制度が導入され、進学実績の高い一〇校を「グローバルリーダーズハイスクール（進学指導特色校）」として指定し、予算を重点配分している。結果、二〇一七年の東大入試での日比谷の合格者は四五名で、最盛期の二〇〇名近い数字には及ばないが、一時の低迷期と比べると目を見張るものがある。大阪のほうも北野が京大六三名、東大五名で、他にも国公立の医学部医学科に二三名が合格。都立も大阪府立もトップ校の再生は一定の成果が上がっているようだ。

こうした公立高校の動きも今後注目すべきだろう。しかし、受験実績だけを重視する姿勢はいかがなものか。この点についてはあとでもう一度触れたい。

さて、先に中高一貫校が制度化されたのは一九九八（平成一〇）年だと書いたが、これは学校教育法改正に伴うもので、それによる中高一貫校は法制上、次の三つに分類される。

・中等教育学校
六年間を一体のものとして教育を施す学校。中学に相当する三年を前期課程、高校に相当する三年を後期課程と呼ぶ。
・併設型中高一貫校

中学と高校の設置者は同じで、接続して教育を行う。中学から高校へは無試験で進学。外部から高校への試験を経て入学が認められる学校もある。

・連携型中高一貫校

中学と高校の設置者が別。連携中学からは調査書や面接など簡単な試験で選抜する。既存の市町村立中学が都道府県立の高校と連携するケースが典型である。

文部科学省の「平成二七年度　学校基本調査」によると、中等教育学校は五二校、併設型は四五九校、連携型は八四校あり、合計五九五校にのぼる。このうち、灘校や麻布は併設型中高一貫校だが、実はラ・サールは三つのどれにもあてはまらない（開成も中高一貫教育制度に基づかない学校である）。法律に基づく中高一貫校は、届出などが必要になる代わりに教育課程の特例が認められているのだが、特例がなくてもいいという学校も多いのだ。そのため、五九五校よりもはるかに多い数の中高一貫校が存在している。

有名大学付属が注目される理由

他にも高等学校入学者の扱いによってなされる分類もあるが、本書では次の三つに分けて考えていきたい。

・公立の中高一貫校
・私立大学付属の中高一貫校
・一般の私立中高一貫校

現在、注目されているのが私立大学付属の中高一貫校、なかでも有名大学のそれである。なぜ、有名大学の付属が注目されるのかと言えば、二〇二〇年の大学入試改革に関係してのことのようだ。ご存じのとおり二〇二〇年に大学入試が大きく変わる。センター試験に代わって、新しい試験が導入され、そこでは「読む、書く、聞く、話す」の英語の四技能が問われるようになる。合教科型のテスト、記述方式の導入などといった話を耳にした人は多いだろう。国公立大学の二次試験、私立大学の入試でも改革は行われる（筆者には一連の高大接続改革は迷走しているように見える。ただし、大学入試改革の評価について本書では詳しくは述べない）。いずれにしろ、入試改革は当事者にとってはもちろん、保護者にとってもストレスとなろう。しかも、いまのところ改革の行方が不透明なだけに、新しい入試制度に我が子はうまく対応できるだろうかと気になるのは当然である。その点、大学の付属校に入るメリットは大きい。有名大学の付属校だと、入試改革の混乱に巻き込まれずに内部進学することができるからである。とくに早稲田や慶應をはじめ、MARCH（明治、青山学院、立教、中央、法政）、関西だと関関同立（関西、関西学院、同志社、立命館）といったブランド大学の付属校は親たちの関心が高い。

もっとも、大学入試対策だけが大学付属校に注目が集まる理由ではない。大学入試改革は単に入試の仕組みを変えるのではなく、それをテコに教育全体を変えることを本来の目的としている。大学入試とは直接関係のないカリキュラムで、子どもたちの能力を伸ばしていく——ほとんどの学生が内部進学するブランド大学の付属校だからこそ、そのようなことが可能であり、ここに来て各校が積極的に取り組み始めているのだ。

たとえば、アクティブ・ラーニングや国際交流、最近では教養教育にも力を入れるところが増えてきた。スーパーサイエンスハイスクール（SSH）やスーパーグローバルハイスクール（SGH）に指定され、大学・研究機関との連携、地域の特色を活かした課題研究などを積極的に行っているところも多い。また、いまの四十代以下は、理系を受験しないかぎり数Ⅲを取るようなことはなかったであろうが、早稲田高校では文系でも数Ⅲまで履修《りしゅう》するし、理系でも古文や漢文をしっかりと勉強するという。慶應義塾高校では第二外国語があって、ドイツ語、フランス語、中国語のいずれかを学ぶ。他にも、慶應義塾ニューヨーク学院（＝高校）、立教英国学院（＝小学校～高校）といった形で、海外に付属校を設けるところも存在する。現地でグローバル教育を行うスタイルである。

子どもの力を大きく伸ばす中高一貫校

大学付属ではない私立の中高一貫校のなかにも、特色ある教育をするところが増えている。

東京・板橋にある城北中学・高校の図書館の蔵書は六万冊にものぼるそうだ。五〇の教室に大型ディスプレーを設置し、インターネットを使った授業も積極的に行っている。アクティブ・ラーニング専用の教室もこのほど完成した。グループを組んでひとつのことをなしとげるといった協働作業を伴うタイプの授業も積極的に行う。これから伸びる学校として注目される学校のひとつである。

大阪の清風学園は小論文指導に取り組んできたことで有名だ。高校一年から三年まで、専属スタッフの添削と個人面接指導を行うというもので、入学時は書くことが苦手だった生徒も、一年も経てば自信をもって文章を書けるようになるという。そもそもは論理的思考と表現力を磨くことが目的だったが、AO入試や小論文を用いた入試で毎年多くの合格者を出すなど副次的効果も現れてきたという。

まだまだ数は少ないが、国際バカロレアの認定校を目指す学校も出てきた。国際バカロレア（IB）とは、国際バカロレア機構（本部はスイスのジュネーブ）が提供する教育プログラムで、国際的な視野をもった人材を育成することを目的に、生徒の年齢に応じた教育を提供するのが特長である。とくにディプロマ・プログラム（DP）は、所定のカリキュラムを二年間履修し、最終試験を経て所定の成績を収めると、国際的に認められる大学入学資格が取得できる。文部科学省は大学入試改革を機に、国際バカロレア認定の高校を二〇〇校まで増やす計画で、二〇一六年からは英語だけでなく日本語授業のプログラムも加わった。ただ、IB資格をもつからといって、即海外の有名大学に進学できるというわけではない。この点は誤解されているようだが、IBの成績が合否判定の材料の一部になるということであり、別途その国独自の統一試験を受ける必要がある。入学を希望する学生が、授業を理解できる学力を身につけているかどうかを計るもので、アメリカならSATやACT、イギリスならGCSEやGCE・Aレベルがそれに該当する。それでもIB資格は、国際感覚を身につけるには極めて有用だとみられている。

IBの使命は次のとおりだ（文部科学省のホームページより）。

「多様な文化の理解と尊重の精神を通じて、より良い、より平和な世界を築くことに貢献する、探究心、知識、思いやりに富んだ若者の育成を目的としています。この目的のため、IBは、学校や政府、国際機関と協力しながら、チャレンジに満ちた国際教育プログラムと厳格な評価の仕組みの開発に取り組んでいます」

さらに、「探究する人」「知識のある人」「考える人」「コミュニケーションができる人」「信念をもつ人」「心を開く人」「思いやりのある人」「挑戦する人」「バランスのとれた人」「振り返りができる人」を二〇の学習者像として掲げている。まさに、本書がテーマとするリーダーシップにもつながるものだ。ＩＢに関する取り組みはまだまだ始まったばかりだが、どのような成果として現れるのか期待したい。


さて、ここまで私立の中高一貫校を見てきたが、公立中高一貫校はどうか。この章の冒頭で書いたように、公立の中高一貫校が誕生したのは比較的最近のことである（国立の中学・高校は教育学部附属を中心に以前からあり、現在、高校・中等教育学校で二一校存在する。ただし、東京学芸大学附属のように中学から高校に進学できる人数を絞っているケースが多く、純粋に中高一貫教育を行っているところは一部に留まるため、ここでは含めない）。

ゆとりをもって六年間、じっくり子どもたちを教育するという目的で公立の中高一貫校は誕生した。九〇年代の後半はゆとり教育の全盛期だったのである。二〇〇三年と二〇〇六年にＯＥＣＤが実施した学習到達度に関する調査（ＰＩＳＡ：Programme for International Student Assessment）で、日本の順位が大きく下がったのが問題視されたこともあり（いわゆる「PISAショック」)、ゆとり云々は当初よりも薄れたが、先進的な取り組みに加えて、受験で実績を上げる学校も出てきて人気も高まった。県立の千葉、都立の小石川と両国、京都府立の洛北といった名門と呼ばれる高校が中高一貫校に移行したことも後押ししたものと思われる。入学試験も知識重視ではなく思考力を問うものが多く、受験生の学力レベルもかなりの高さだと言われる。

これらの学校が、今後どのように「六年間を生かした教育」を行っていくかは非常に興味深いところである。

中高一貫校が抱える問題点

ここまで、日本の中高一貫校の「よい面」を見てきた。積極的に新しい取り組みにチャレンジし、国際的な感覚も養おうとしているところなどは一定の評価ができよう。しかしながら、東大や京大、あるいは医学部の合格者数を競う風潮は相変わらずで、それに学校が一喜一憂している部分も否めない。そもそも、ゆとりある教育を目指したはずの公立中高一貫校において、エリート教育型の学校が登場し、受験競争、学校間の序列化が激しくなろうとしているのも問題であろう。筆者は「柔軟な思考力と強靭な意志、幅広い知恵や知識を兼ね備え、広い視野をもち、勇気をもって的確に判断し、実行できる人間」をリーダーと捉えているが、人間性の涵養《かんよう》を行っている学校が少ない点は非常に憂慮している。

一〇年ほど前、必履修科目未履修問題が発生した。進学実績を上げるために、学習指導要領では必須だが大学受験には関係ない教科を生徒に履修させていない高校が多数あることが発覚、卒業が危ぶまれる生徒が出て大騒ぎになった事件である。その後、この問題は終息したが、それに類したことは多くの中高一貫校で引き続き行われている。学校では勉強オンリー、それも受験に関係する科目だけやればよく、関係ない教科・科目はおざなりは当たり前。進学コースではクラブ活動も禁止、三年生になると受験勉強のためだけに寮生活を送る、という学校も存在する。後述するように、私はパブリック・スクールの寮生活は人格の涵養のためにとてもすばらしいものだと思っているが、受験のための寮生活では単なるカンヅメ状態でしかない。人間性の涵養などは脇に置かれている。

受験実績が志願者数や入学者数に直結し、当然、経営に影響するのだから無視できないのは理解できる。だからといって、多感な中学・高校時代に受験対策ばかりしていたらどうなるだろうか。食事が偏ると徐々に身体の調子が悪くなっていくように、「偏った教育」は「偏った人格形成」につながらないだろうか。

さて、本書で詳しく紹介する三校（灘校、麻布、ラ・サール）、また、コラム1で取り上げる甲陽学院は、人間性の涵養と高い学力の両立を実現している数少ない学校である。「学力を高めることが子どもたちの可能性を広げる」という考えに基づいた実践が、高い受験実績にもつながっているうえ、それぞれしっかりとした教育理念・建学の精神をもち、理念を基礎とした教育が行われている。

具体的にはそれぞれの学校の節を読んでいただくとして、ここではその三校から多くのリーダーが巣立ったことを強調しておきたい。まさに、イギリスのザ・ナインに匹敵する学校だ。ただし、学校が生まれた経緯や目的、取り巻く環境はイギリスと日本ではまるで違う。第一章で見たように、世界中のリーダーから子女を預ける学校として信頼を集めているパブリック・スクールから学ぶものもあるはずだ。

以下の章では、パブリック・スクールと日本の中高一貫校を代表する各三校と、コラムで甲陽学院、スイスのコレージュ・ボーソレイユ、それにパブリック・スクールのマーチャント・テイラーズ校について詳しく見ていくことにする。そのうえで、終章において、その共通点、そしてリーダー育成という面において、イギリスと日本の名門校から学ぶべきこと、また、取り組むべきことを提言してみたい。

海外の教育がよくて、日本の教育が悪いわけではない。そもそも、教育に国の優劣は存在しないと思っている。しかし、日本の教育において看過されやすい点を学ぶことも必要だ。とくにイギリスの教育とは違った方向に進もうとしている日本の教育、つまり、企業の利益を中心とした金銭感覚や経営手法を幼少期から教え込もうとする教育、知識の詰め込みが教育の第一義的目的となりがちな日本の教育にとっては大事なことだろう。

第三章　知の体系化——イートン校と灘校

今回取り上げるイギリスの三校（イートン校、ラグビー校、ハロウ校。コラム3で紹介するマーチャント・テイラーズ校を含めると四校）と、日本の三校（灘校、麻布、ラ・サール。同じく甲陽学院を含めると四校）は、いずれも私立の学校であり、高校の上に大学をもたない学校であるという点で共通する。実は、六校はそれぞれ二校ずつ、特徴が類似している、と考えている。

本書では類似した二校ずつをペアに章を立てた。まずは、「イートン校と灘校」だ。この二校はともに、知識を重んじながらリーダーの基盤となる人間性を育成する学校である。しかも、その知識を習得していくために「体系化」しながら学ぶ方法をとっている。灘校の化学の学び方を例にとると、中学と高校で教えることを分けず、実験後に原理を教え理論を説明し、中学では普通習わない化学式も教える。教師は、実験と理論をつなげて教え、生徒は一連の流れのなかで全体像を摑《つか》む。こうした体系化はイートン校も同じだ。

イートン校は、「イートンの諸君、君たちは命令するために生まれてきた」

という言葉が残されているほどの名門校であるが、そのうえで、「バランスがとれ、広く教養のある、自律した、自信のある、社会の貴重な一員の育成」を目指しながら、時代とともに、あるいは時代に先駆けて、イギリスにとどまらず、世界中の指導者を輩出し続けてきた。

授業はとても厳しく、また、勉強に力を入れている。勉強することそのもの、また勉強を通じて切磋《せっさ》琢磨《たくま》することに力点が置かれている学校であり、厚みのある教養教育は目をみはるものがある。これらの点においては灘校と実によく似ている。

もちろん、「規律を重んじるイートン、自由闊達《かったつ》な灘校」といった違いも見られる。そもそも、イートン校は「王のための学校」としてスタートした。また、目に見える形で序列化するという特徴も見られる。しかし、どの学校にも増して、「知の体系化」に力点を置いているところが、それぞれの国を代表する学校になった一番のゆえんだと言える。

イートン校　「骨」のある人間を育てる

イートン校の基本情報

・所在地はロンドン郊外
・全寮制の男子校
・生徒数　約一三〇〇名（一学年約二六〇名）
・設立年　一四四〇年
・学費　一万二九一〇ポンド（一学期あたり、三学期制）

王のための学校

ロンドンの西、市内の中心部から電車で一時間ほど行ったところにイートン校はある。ウィンザー城という名前を聞いたことのある人も多いだろう。イギリス王室が所有する城で、エリザベス女王が週末を過ごす場所として有名だが、イートン校はテムズ川を挟み、その対岸に位置している。広いキャンパスにはゴシック様式の校舎や寮のほかに礼拝堂や博物館などが点在する。観光客も多く訪れる。

筆者は過去三度、イートン校を訪問しているが、毎回、その敷地の広さに驚かされる。

イートン校はロンドン郊外のテムズ川沿いに位置する

と同時に、闊歩《かっぽ》する生徒たちの姿にいつも目を見開かされるのだった。黒のテイルコート（燕尾服）にチョッキ、ファルスカラー、タイ、そしてピンストライプのズボンがイートン校の定められた服装である。実は、イートン校の制服は二〇〇年近くも変わっていない。一八二〇年に亡くなったジョージ三世の葬儀の際に喪服として着たものが、そのまま定着したとされているが、よき伝統はしっかりと守り伝える、そのことがこの制服に象徴されていると言える。伝統校イートンに学ぶ矜持《きょうじ》を、この制服も生徒に植え付けている。

イートン校が「ザ・ナイン」のなかでも最も名声の高い学校であることは広く知られるところだ。入学は極めて難しく、最近は海外からの応募が多いこともあって、イギリスだけでなく他のヨーロッパ諸国やアメリカなどのメディアも賑わせている。しかし、学校自体は「欲しいのは頭脳明晰《めいせき》な子どもではない」という。「独立自尊の生徒を探している」のだそうだ。

創立は一四四〇年。ランカスター朝最後の王ヘンリー六世により、王に知識や教養を与える従者を育てる「王のカレッジ（King's College）」としてイートン校は作られた。王が作った学校——このことが名門中の名門たるゆえんのひとつである。学校はそのころからいまに至るまで男子校である。

創立当初、入学した七〇名の少年（王の学徒＝キングズ・スカラ）は優秀だが、みな貧しく、彼らには教育だけでなく寄宿舎も提供された。それらはすべて無料だった。さらに、卒業生は翌一四四一年に創設されたケンブリッジ大学のキングズ・カレッジ（King's College）に自動的に進学することができた（このカレッジもヘンリー六世が創設した）。現在では、キングズ・カレッジへの無試験入学はなくなっているが、それでもオックスフォード・ブリッジへの進学率は三割にものぼる。一方、「王の学徒」の制度はまだ残っており、毎年一四名（五年制なので計七〇名）を選抜、彼らは奨学金を受け、キャンパスの中心にある「カレッジ」と呼ばれる寮に住むことができる。七〇名の「カレッジャー」はみな極めて優秀で、カレッジは他の寮（＝ハウス）とは雰囲気が異なるそうだ。カレッジに住まない

壮麗なキャンパスは、大学と見まごうばかりだ

通常の生徒はオピダン（Oppidan＝「町の子」という意味）と呼ばれ、二四のハウスに約五〇名ずつ住んでいる。
ちなみに、イートンという名前は、古い英語の「Ea-tun」から来ている。「Ea」は川を、「tun」は農場を意味する。すなわち「川のそばの農場」——。いまや農場と言われてもピンとこないが、敷地は広大で、当初は建物もいまほど多くなかったはずだ。ほとんどは草原だったのだろう。
王朝の交代など財政的に苦しい時代もイートン校は経験している。それらさまざまな苦難を乗り越え、ジョージ三世（在位一七六〇～一八二〇年）の時代に大いに繁栄した。国王自ら学校を訪れ、また、ウィンザー城に少年たちを招待したという。さらに時代が下って一八九一年には、一〇〇〇名以上の生徒が在籍していたという記録が残る。現在の生徒数は約一三〇〇名で、一六〇名の教師が指導に当たる。

競争率は約四倍

イートン校が名門中の名門と呼ばれるゆえんはOBを見ることでもわかる。先述したように、イギリス前首相のデヴィッド・キャメロンを含む一九名ものイギリス首相を輩出している。キャメロンはイートン校からオックスフォード大学に進んだ。政治家にはイートン出身者が実に多い。王侯貴族の子弟が進学することでもイートン校は有名で、イギリス以外の国を含め王族と呼ばれる人間とクラスメートになることも珍しくない。ウィリアム王子、ヘンリー王子もイートン校を卒業した。日本の華族にもイートン校出身者がいて、貴族院議長を務めた徳川家達《いえさと》(徳川宗家一六代目)は明治一〇(一八七七)年から五年間、イートン校で学んだ。

『一九八四年』の作者として知られる作家のジョージ・オーウェルや、京都大学の山中伸弥教授とともにノーベル賞を受賞したジョン・ガードン博士も同校のOBである。近年は映画や演劇の世界で活躍する卒業生が増えており、アカデミー賞俳優のエディ・レッドメインや、トム・ヒドルストンなどがその代表だろう。ロールス・ロイスの創設者であるチャールズ・スチュアート・ロールス、アメリカ最大手の雑誌社であるコンデナスト・インターナショナルの社長、ニコラス・コールリッジもイートン校出身である。変わったところでは、『ピーター・パン』に登場するフック船長、映画「007」シリーズのジェームズ・ボンドもイートン校出身という設定。

フィクションに頻繁に登場するくらい特別な存在のイートン校であるが、この学校を語るときには、二つの言葉がキーとなると筆者は考えている。ひとつは「競争心」、そしてもうひとつがこの章の冒頭で出てきた「独立自尊」だ。

世界にその名を轟《とど》かせる学校なのだから、子どもを通わせたいと考える親は多い。当然のことながら競争は激しく入学は容易ではない。ごく簡単に、そのプロセスを見ていこう（以下の多くは、他のパブリック・スクールにも共通する）。

まずは九〜一〇歳で願書を提出する。願書は誰でも出すことが可能だ。その後、一〇〜一一歳で受けるコンピュータを使った適性検査と面接で最初のふるいにかけられる。適性検査はケンブリッジ大学の心理学研究所に依頼し、毎回新しいものを作成する。想像力や認知能力、言語能力などを測ることを目的としており、よく知られるＩＱ（知能指数）を測るものよりもっと広範囲だそうだ。面接は学校に入ってどのような活躍ができるのかを主に見ている。頭がよいだけではだめで、テストの点が極めて高い生徒でも、社会性がなく寮生活が合わないような生徒は受け入れない。逆にスポーツ、音楽、演劇などで秀《ひい》でた能力をもつ生徒を幅広く探すのだ、という。

適性検査と面接に合格しても入学が決まったわけではない。一三歳までは「コンディショナル（条件付き）」と呼ばれる段階にすぎず、一三歳になって私立学校入学のための統一テストを受験し、同時にハウスマスター（寮責任者を務める教師）とマスターと呼ばれる別の教師、さらに生徒代表の三人による面接を受けなければならない。ここでチェックされるのも頭のよさだけではなく、スポーツや音楽、演劇などの能力で、さらに学校に貢献してくれる人間かどうかも見極められる。

入学できるのは約二五〇名、競争率は四倍だ。現在では社会階層に影響されることはほとんどなく、裕福ではない家庭の子どもも多いという。そのなかでも、とくに優秀な生徒七〇名に対して学費の補助が行われるのだが、これが伝統を引き継ぐ「カレッジャー」制度であり、彼らはイートンにさまざまな形で見られる特権的グループのひとつとなっている（他にも、奨学金制度が充実してきている）。特権的グループについては次項で取り上げることにしよう。

「シックスフォーム選抜」と「ポップ」

パブリック・スクールの多くがそうであるように、イートン校を卒業する人間のほとんど全員が大学に進学する。大多数がイギリスの名門大学連合であるラッセル・グループに進み、そこに属するオックスフォード大学とケンブリッジ大学には毎年八〇〜一〇〇名が入学する。その他、一〇〜二〇名がアメリカの名門アイビー・リーグに進むため海を渡る。このように進学実績はイギリスでもトップクラスである。まさに受験エリート校と呼ぶにふさわしい実績であろう。なお、大学卒業後の進路は、最近は金融関係や起業家を目指す人が増えてきたが、外交官や官僚、裁判官、医師、弁護士、マスコミに進む人も相変わらず多いという。

オックス・ブリッジをはじめとした一流大学に入学するには、勉学に力を入れなくてはならない。もちろん、イートン校でも勉学は重視しており、「授業はとても厳しい」そうだ。成績不良で他校への転校を促される生徒もいるという。しかし、「勉強に力を入れる」と言っても日本のそれとは少しイメージが異なる。というのも、学校自体は大学受験云々をあまり重視していないからである。それより、学ぶことへの興味や関心を深め、勉強することそのもの、また勉強を通じて切磋琢磨することに力点が置かれている。

大学受験には必要なくともラテン語は六年間必須だ（ただ、伝統ある大学は折につけ、ラテン語で催事を始めるのだが）。しかし、古代の北欧言語を学びたいと思えば、教員が勉強

イートン校の「カレッジャー」たる黒いガウンを羽織った少年（中央）

の仕方をアドバイスするし、最近では中国語の人気が高い。また、ある特定の音楽をやってみたいと生徒が希望すれば、教師はその環境を整える努力をしてくれるそうだ。とことん生徒の自主性を尊重し、サポートに徹するところは「すごい」と言わざるを得ない。一人の教員に生徒八人という環境だからこそ実現可能なのだろう。

その一方で、競争は極めて激しい。転校云々は先に書いたが、学期ごとに行われる試験ではランキングも発表される。いまは三〇位までだそうだが、以前はすべて公表されたそうだ。この点では、次節で紹介する灘校と対照的で面白い。

さて、イートン校には特権的グループがあると書いた。たとえば、「カレッジャー」

は黒いガウンを着ることが許されており、すぐに見分けることができる。他にも成績優秀で人格的にも優れた生徒からなる「シックスフォーム選抜（6th Form Select）」と呼ばれるものがある。こちらはカレッジャーの上級生のなかでもとくに優秀な一〇名と、ハウスに住むオピダンから優秀な生徒一〇名が選ばれる。彼らには金ボタンのついたグレーのチョッキの着用が許されている。もうひとつ、「ポップ」と呼ばれている特権グループには、かつてウィリアム王子も所属した。こちらは赤いチョッキがトレードマーク。ポップは一八一一年に菓子屋ないしレストランとされる「ポピナ」で始まった社交・討論クラブが起源で、知識階級と呼ばれていたが、現在では成績が優秀かどうかにかかわらず、スポーツ万能など、魅力的な青年がポップの一員となっているそうである。

シックスフォーム選抜とポップは監督生（プリフェクト）として、規則を守らない生徒に罰則を与える役割などを担っている。また、ポップは朝礼を取りまとめる仕事を行う。さらに、ポップのなかで音楽や演劇に最も優れている生徒一名とシックスフォーム選抜の最優秀生徒一名が、他校とのイベントの際に、学校の代表になるのだという。他にも寮の代表やスポーツチームのキャプテンなど、それぞれ特別な服装をしてもいいといった特権が与えられているグループはさまざまだ。これらは「学内における階級制度」と言えるだろう。こういった制度は、イートン校に限らずパブリック・スクール全体に共通する特徴で、能力などによって生徒を分け、優秀者にリーダーとして采配を振るう機会を与えているわけだ。しかも、それが一目でわかる形になっている。

日本ではとかく生徒を平等に扱う傾向があり、競争させることがあったとしても、受験戦争に勝ち残るための手段として使われることがほとんどだ。対して、イートン校での競争はリーダーとしての自覚を促すためのものである。厳しい競争に勝ち残った人間に、将来リーダーとして人の上に立つ経験を踏ませている。自覚を促し、ひとまわりもふたまわりも成長させるシステムとも言える。このあたりに、何百年にもわたってリーダーを輩出し続けてきた秘密がありそうである。階級社会のイギリスとそうでない日本という大きな違いはあるが、参考にすべきところは少なくない。

「当校では、カリキュラムとしてのリーダーシップ教育も行っています。しかし、リーダーシップとは本来、校風やその学校の理念に組み込まれ、育まれるものだと私は考えます。だから、要素をひとつだけ取り出して、これが当校のリーダーシップ教育だ、と示せるようなものではありません。ちょうど毛糸玉と同じような感じですね。ぼんやりしているけれど、それは確実に存在しています」

こう語るトニー・リトル（二〇一四年のインタビュー当時は校長。二〇一五年に三八歳の七一代目校長のサイモン・ヘンダーソンにバトンを渡す）の言葉には自信がみなぎっていた。

寮は個性のぶつかり合いの場

パブリック・スクールを研究するイギリスの教育学者アダム・ニコルソンは著書『イートン』のなかで、イートン校の特徴として次の五つを挙げた。

①学業成績だけではなく、他の能力や学習意欲を含め、一定の特質をもつ生徒を選抜する場所である
②大志を抱き、それに挑戦しようとする生徒の集まる場所である
③生徒たちが競争に親しむ場所、つまり勝つことよりも負けることのほうが圧倒的に多いので、敗北や失敗にどう対処するかを学ぶ場所であり、自分の才能を発揮できる領域を知り、それを発展させることを学ぶ場所である
④政治的に最も重要なスキルである交渉力を学ぶ場所である
⑤教育には試験よりも大切なものがあることを教える場所である

このうち①〜③についてはすでに見てきた。④⑤については、これから紹介する寮での生活が大いに役立っているようだ。なお、⑤に関して言えば、大切なものとは「知識や情

報、発見以上に、その背後にある道徳的価値、共感、敬意といったことに思いを馳せることの重要さである」と筆者は解釈している。

寮は二五棟もある。うちひとつが先述の「カレッジ」と呼ばれているもので、残り二四棟がそれぞれ名称をもつハウスとなる。一棟は約五〇名で、一三歳から一八歳までの五学年の生徒がそれぞれ一〇人ずつ共同で生活している。第五章で述べるハロウ校などと違い、イートン校では入寮した日から寝室兼用の個室で生活を送ることが特徴的である。生徒は自分の生活は自分の責任で行わなければならない。一三歳の子どもにはけっこう大変なことだろうが、その分、自立心は芽生える。そこが学校の狙いなのである。

加えて寮は個性のぶつかり合いの場でもある。それが生徒の成長を促すのだという。だから、ハウスの構成においては生徒たちのバランスが最重要視される。入学が決まると、保護者たちはハウスを見学し、各ハウスのハウスマスターに会って話をする。保護者にはそれぞれお目当てのハウスがあって希望を出すものの、必ずしも希望が通るとは限らない。ハウスマスター側は子どもたちの性格や特技（演劇や音楽、スポーツなど）を見て決めるからである。こうすることで違った個性の人間が集まるよう配慮するわけだ。

ハウスマスターという指導者

規則はどのハウスも共通で、いじめや喫煙などはもちろんご法度。テレビもスマートフォンももち込み禁止である。個室でインターネットをすることもダメだ。外出するにもハウスマスターの許可が必要である。違反した生徒には庭仕事、ごみの片付けなどの罰が科せられる。「まるで軍隊のようだ」と表現されることも多い。イギリスの親も「優れた教育」を望むところは日本と同じだが、「充実した課外活動」と「しつけ」を希望する度合いは日本とは比べられないくらい高い。このしつけ、そして課外授業を、ハウスが主に担っているのだから、ハウスマスターの責任は極めて重いと言えるだろう。

ハウスマスターは三十代後半でなるのが通例だ。職務期間はイートン校の場合、最長で一三年、通常は一〇年である。特別手当てに加えて、無料で住居が与えられ、電話代や家屋の修理用の手当てもつく。一方で、学業のサポート、生活の指導、そして才能の育成など、やるべきことは実に多い。ハウスの生徒は五〇名もいるので、ハウスマスターをサポートするための副寮長（Deputy House Master）がいて、さらに「デイム」と呼ばれる女性アシスタントも住んでいる（この女性アシスタントは他の学校では「メイトロン」と呼ばれる場合もある）。他にも、サポート役の教師（マスター）もおり、生徒のなかから選ばれた人間もハウスマスターやデイムを手伝う。

ここで一人の元ハウスマスターに登場してもらおう。イートン校のOBで地学を担当するコリン・クック教諭である。実は彼は一九七八（昭和五三）年に来日。慶應大学で一年間研究生活を過ごした。そして、はじめてイートン校で日本語の授業だけではなく、日本文学や日本文化を教えた。

「平日の午前八時一〇分から八時三〇分まではオフィス・アワーで、さまざまな相談に乗ります。進んで生徒が来ることもありますが、入学したてのころはいろいろな問題が出てくるので、新入生にはできるだけアワーに来るように私のほうから連絡を取ります。一番の問題は、他の生徒とうまく付き合えないことですね。ひどい場合は、いじめにつながっていきますから。もし、そんな事態になってもパストラル・ケアと言って、すぐに適切な対処ができる体制になっています。いずれにしても、ハウスマスターの役割は生徒たちをサポートすることに尽きます」

ここで出てきたパストラル・ケアについては、ハロウ校の節（第五章）で詳しく紹介しよう。

オフィス・アワーに限らず、ハウスマスターは生徒といつでも話し合いをもつことができなくてはいけない。教科の選択からはじまり、進路のこと、生活面の不安や不満、両親からの問い合わせにも丁寧に対応する。必要があれば他の教師、教務主任などと話し合いの場をもつこともある。当然、さまざまな経験が必要で、クック教諭もそうだったが、通常マスターを一〇年ほど勤めた後、ハウスマスターになってはどうかと校長から打診されるのだという。本人が了承すれば、副寮長として週末に寮の運営に関わることになり、ハウスマスターに向けてのトレーニングを受ける。限られた時間を寮で過ごしながら仕事を覚えていくわけだ。これを数年勤めたのち、正式に校長によってハウスマスターに任命される。

「卒業時には自立した心と、他人を思いやる心をもつことができるようになること、そして、骨のある人間になることを私たちは願っています」

クック教諭の言う「骨」とは「モラル」や「責任感」のことで、「悪いことは悪い、正しいことは正しい」と言えるような生徒に、日々の生活を通じて育てていくのだ。とくに上級生には、責任感が求められる。彼らが寮を引っ張っていくからである。下級生も、「二年生は一年生のケアをする」といった具合に、それぞれ役割をもたされることで、義務と責任、使命を全うすることの大切さを学んでいく。

ちなみに、生徒の間で尊敬されるのは、責任感があって、誰からも好かれる性格の人間である。こうした生徒が、生徒代表となり、リーダーシップの基礎を身につけていく。このように規律ある集団生活を通じて、イートン校の生徒は仲間たちと互いを高め合っていくのだ。親元から離れた「一人の生活」（＝個室）を通じて独立心を養い、寮のなかでの役割を果たすことで自尊心も育んでいく――。リーダーシップ論の権威であるジョン・P・コッターは、「リーダーシップとはスタイルではなく質であり、時代を超えた普遍性を持つ」と書いているが、伝統に裏打ちされた寮生活は、「時代を超えた普遍性」をもっていると言っても言いすぎではないだろう。

芸術とスポーツの必要性

イートン校における芸術とスポーツについても触れておこう。

入学者を選抜する際、「スポーツ、音楽、演劇などで秀でた能力をもつ生徒を幅広く探す」こと、また寮でも演劇や音楽、スポーツが得意かどうかなどを判断材料に、各ハウスマスターが寮生を選んでいると先に書いた。実際、イートン校では芸術やスポーツを非常に重視している。音楽や演劇はとくに優れた生徒がおり、卒業後にその分野で活躍する人間も多い。OBのなかに有名な俳優が多いことはその表れだろう。

芸術の能力を伸ばすためには、たとえば音楽なら練習やリハーサル、演奏をこなしていかなければならず大変だ。しかし、両立できる人間は後の人生でも成功する人になる、とイートン校では考える。バイオリンを習うことで、創造力を身につけることができる一方で、人に聴いてもらうことの大切さ、自分の時間をやりくりすることの重要性なども学んでいく。たとえ、卒業後バイオリンの道に進まなかったとしても、間接的に彼らの人生を成功へと向かわせる、というのが学校のスタンスだ。

だから、最高の環境も用意されている。学内にファラー劇場（Farrer Theatre）という四〇〇人収容の劇場があり、寮単位で行われる演劇でも世界最高峰の劇団「ロイヤル・シェイクスピア・カンパニー」の指導を受けることができる。スポーツも同様である。施設は充実しており、ゴルフコース、ボート用の池まである。試合も寮ごと、あるいはクラスごとに頻繁に実施されている。これらを通して、他人を理解することの重要性、ともに行動することの大切さを体験し、リーダーとしての資質を磨いていくわけだ。

ちなみに、芸術やスポーツなど課外活動や行事は、運営など一切を生徒たちが取り仕切るそうだ。この点は、本書で取り上げる日本の中高一貫校にも共通する。また、クラブ顧問に相当する教員を決める際に、教員は各部に自動的に配属されるのではなく、部に所属する生徒たちが誰に指導してもらいたいかを決め、キャプテンがその教員に依頼状を書くというやり方を取っている。指導が悪ければ解雇する権限も生徒がもつ。もちろん、大きな権限には責任が伴う。こうした措置もリーダー教育の一環なのであろう。

イートン校生の気質

「トフ（Toff）」という言葉が英語にはある。上流階級の人という意味のスラングである。努力よりもコネをつかってうまくやるという感じで、マイナスのイメージをもつ言葉だ。世間からは、イートン校の生徒はみなトフだと思われており、「イートン校の出身者はトフだからな」などと揶揄《やゆ》されることも多い。しかし、昔はいざ知らず、いまは決してそうではない。生徒たちは親の力ではなく、自力でイートン校に入っている。学力の面では極めて優秀だ。以前のイートン校の生徒はみなリッチだが、全員が優秀なわけではなく、なかにはずばり「トフ」な生徒もいたそうだ。対して、いまは総合的な人間力が問われている。家柄や経済的に恵まれているからといって入学できるわけではないという点で様変わりしている。

そうした知的さに加え、イートン校の生徒たちは個性的である。イートン校は他のパブリック・スクールに比べて規模が大きい。悪く言えば雑多で、よい言い方をすれば「個性豊か」である。ラグビーのうまい子もいれば、音楽が得意な子もいる。また、型破りな子どもやユニークな生徒もいる。それに比べて、のちに紹介するラグビー校は、とくに校技であるラグビーに力を注いでおり、ラグビーチームに入らなかったとしても、強制的にラグビーの試合を見に行かされたりする。ラグビーのうまい生徒が「神」と崇《あが》められるそうだ。このあたりも校風の違いが出ており面白い。

「以前、ファッションやテキスタイルがとても好きな生徒がいましてね。部屋に自分用のミシンまでもっていました。男の子がミシンなんて普通は変に思いますよね。ところが、この子は友だちや女子校の生徒をモデルにして、学内でチャリティー・ファッションショーを開いた。このときは、みんな拍手喝采でした。これなど、まさに独立自尊。パブリック・スクールの生徒にしては変わった子でしたが、イートン校にはそれを受け入れる風土がある。そして教師も個性を伸ばすことに力を注いでいます」

知・徳・体、そして個性——。イートン校では、あらゆる面で人として磨きをかけていくのである。「価値観や自信、自立といったものを、身につけてほしい」。先に登場したリトル前校長はこう語る。一方、パーシーはイートン校の教育の目標として次の三つを掲げる。彼自身、「人生において幅広い生き方」を体現しているようだ（教務主任のパーシー・ハリソン。先日メールをもらったところ、このパーシー、イートン校に所属しながらも、イートン校が立ち上げた株式会社イートン・オンライン・ベンチャーズのCEOになっていた）。

・自立した考えをもつ人間を育てる

・人生において幅広い生き方をする人間を育てる
・新しいことにチャレンジしていける人間を育てる

イートン校には「イートンに繁栄あれ 'May Eton Flourish'」というモットーがある。少し高慢な感じがしないでもない。しかしこの標語は、「イートン校はずっと存続する」ということを示しており、世界でやっていける素養を身につけ、自信をもってそれぞれの分野で活躍する人材を世界に送り込むということも示しているのだという。

これからのイートン校

これまでのことをまとめると、次のようになるだろう。

生徒は教室のなかと同じかそれ以上に教室の外でも学ぶ、そして生徒は教師から学ぶのと同じかそれ以上にお互いから学ぶ。そして、教師はさまざまな性格や人格をもった青少年の内にある可能性を最大限に伸ばす。学校はそのための機会と環境を最大限努力して作り上げる。イートン校での生活は、成功を収めるために必要な活力や創造力、独立心を養う。そして行動を起こすための自信を育てる。

さらに――。

「それぞれの生徒が責任を負うこと、他人とともに生活することの重要さを、寮生活などを通じて学ぶ。同時に、自分より恵まれていない人たちを助ける責任が自分たちにはあることを認識する。イートン校の教育の狙いは、バランスのとれた個人の育成である。生徒は、自分の短所と長所を自覚し、自分の能力を最も効果的に用い、自分の弱点を克服する努力をするよう教えられる」

実はこれはイートン校の元校長であり、オックスフォード大学リンカン・カレッジ長、イートン校の理事長を歴任し、チャールズ皇太子や元首相トニー・ブレアも教えたエリック・アンダーソン卿の言葉である。ここで出てくる、「自分より恵まれていない人たちを助ける責任が自分たちにはある」はノブリス・オブリージュのことを指し、それは「社会的地位の保持には責任が伴うこと」を意味する。このあとも何度が出てくる言葉なので覚えておいていただきたい。

そんなイートン校であるが、取り巻く環境は大きく変わっている。しかし、自分たちの教育に自信があるのだろう。ある意味頑固だ。たとえば、第五章のハロウ校は海外に姉妹校を設けているが、イートン校は海外校を絶対に作らないと明言している。「私たちはマクドナルドのように世界中に学校を作るようなことには興味がない」のだという。他にも、イギリスの教育界では、教育水準局（ＯＦＳＴＥＤ）の査察による評価を気にする傾向があるが、それに対してもイートン校の姿勢は明確である。

「教育水準局の査察対象は数字で計測できることが中心です。教育界はもちろん世間も、それに囚われすぎています。リーダーシップを例にとりますが、これなど計測は難しいですよね。生徒のリーダーとしての力がどれだけ高まったかなど、数値で測ることは困難です。数学や英語のレベルを測るほうがはるかに簡単ですが、本当に大切なものは数値で測れないのです。全学校のリーグテーブル（学校ランキング）にも、当校はあまり関心がありませんし、当校のランクが出されてもクレームを入れたりはしません。当校のランクがさほど高くなかったとしても、それが学校を評価する正しい指標だとは思っていないからです。数値は実態の一部でしかありませんから」

このリトル前校長の発言も、「世界一の学校」という矜持の表れと言えるだろう。

灘校　人としての土台作り

灘校の基本情報

- 所在地は兵庫県神戸市
- 通学制の男子校
- 生徒数　約一二〇〇名（一学年、中学は約一八〇名、高校は約二二〇名）
- 設立年　一九二七年
- 学費　中学は年間五九万円、高校は年間約六〇万円

難関大学合格率ナンバー1

毎年三〜四月になると、週刊誌がさかんに大学入試の結果を記事にする。自分の母校の様子が気になって、手に取る社会人も多いだろう。「東大・京大合格者数ランキング」「有名高校合格者数総覧」などで、それによると二〇一七年の入試でも、東京都の開成高校が東大合格者数でナンバー1の座を維持した（一六〇名。三六年連続）。筆者がイギリスのイートン校に並ぶ日本のトップ校としてこれから紹介しようとする灘高校は九五名だから、

開成には六五名も差をつけられている。

しかしながら、「週刊朝日」（二〇一七年四月二一日号）は「難関大に強い高校」として灘高校を一位に挙げた。同誌のランキングは、東大に加えて京大合格者、さらに東大・京大を除く一五の国公立大学医学部医学科（旧帝大および筑波大、千葉大、神戸大、大阪市立大など）合格者の合計をもとに算出している。灘高校のそれは一五五名（京大三九名、一五大医学部医学科二一名）で、卒業生は二二〇名だから合格率は七〇・五%にもなる。ちなみに、二位は筑波大学附属駒場高校で六八・八%、以下、今回本書でも取り上げる甲陽学院高校、東大寺学園高校と続き、東大合格者数トップの開成高校は四九・二%で第五位だった。

表 3-1　灘校の進学実績

大学名	2015年度	2016年度	2017年度
東京大学	72	72	78
京都大学	22	26	30
大阪大学	8	8	6
神戸大学	1	7	4

出典：『みんなの高校情報』https://www.minkou.jp/hischool/

このように灘高校は押しも押されもせぬ「超」がつく進学校である。日本で一番と言っても決して過言ではない。もちろん筆者が注目しているのは受験実績ではない。社会のリーダーたる人物の育成を目指した教育を行っており、実際、そのような人物を多数輩出し続けているからである。灘校（中学と高校をあわせ以下、このように呼ぶ）には、リーダーを育てるための確固たる教育方針があり、それが連綿と受け継がれている。そして、教育

校内には嘉納治五郎の銅像が立つ

方針を実現するためのさまざまな仕組みが作られている。こうした点は、名門中の名門であるイートン校をはじめとしたザ・ナインと非常によく似ている。

では、灘校とはどのような学校なのか、どこに名門とされる要因があるのだろう。

「精力善用」と「自他共栄」

灘校の創立は軍靴の音がする前、昭和二（一九二七）年である。灘五郷のうち魚崎《うおざき》郷・御影《みかげ》郷（神戸市東灘区）の酒造家であった「菊正宗」の嘉《か》納《のう》治郎《じろう》右衛門《えもん》、「白鶴」の嘉納治兵衛《じへえ》、「櫻正宗」の山邑太《やまむらた》左衛門《ざえもん》の資金援助を含む支援を得て作られた。神戸市東灘区魚崎の現在地に旧制中学として開校したのは翌昭和三年の春のことだ。このとき、講道館柔道の創設者であり、東京高等師範学校（現在の筑波大学）校長も務めた嘉納治五郎《じごろう》を顧問として迎え入れた。彼は菊正宗・嘉納家の縁戚だった。

灘校は、この嘉納治五郎が柔道の精神として唱えた「精力善用」「自他共栄」を校是に定めた。前者は「自身のすべての力を最大限に生かし、社会のために善い行いをする」、後者は「相手を敬い感謝し、互いに信頼を育めば、自分だけでなく他人とともに栄えある世のなかを助け合って生きていける」といった意味である。つまり、リーダー云々を語る以前に、人間としてのあるべき姿を灘校ではまず教えられる。人としての存在の原点を担保した後、リーダーたる素質が育てられるのだ。

そのうえで、初代校長・眞田《さなだ》範衞《のりえ》により、次のような教育方針が定められたのだった。

・「自分の価値観、信念」のもと
・「物事を判断し行動できる知」と
・「勤労を喜び、他者と共に生きる共生の心」と
・それを支える「強靭な体」の「知・徳・体」を備え
・豊かな教養に裏付けられた品性を持つ
・健全な社会人を育てる

ことさら「知」が注目されがちな灘校だが、決して「ガリ勉」が集まる学校ではない。のちに見るように「徳」も「体」も非常に重要視されているし、何よりも現代社会における学校教育のなかで、その重要性を語られることが稀有となった「品性」が尊重されていることが重要だ。また、生徒の自主性も尊重されている（制服はなく私服、髪型も自由、校則もないのはその代表例である。実は教師の自主性も尊重される）。

実際の灘校生は「ガリ勉」というイメージからはほど遠く、筆者の知るある東大卒業生（二〇一六年卒、公立高校出身）などは、次のように灘校出身者の同級生を評している。

「開成高校出身者は数が多いからでしょうか、高校時代の友だちと群れる傾向があって私たちとの付き合いは少なかった。高校のとき勉強一本やりだったこともあるのでしょう、大学でもマジメのままか、逆に一気に遊びに向かうかの二つに分かれるようです。その点、灘校の出身者は個性的でユニークな人間が多い。当然、勉強はできるが決して〝ガリ勉タイプ〟ではない。話していて楽しいし、遊び方もうまい。リーダーシップを取る人間も多かったように思います。もっとも、話して楽しいのは彼らのほとんどが関西人だからかもしれませんが」

一九六八（昭和四三）年に、それまで「東大と言えば日比谷」と言われるくらい東大の合格者実績を誇っていた都立日比谷高校を抜いて、灘高校が東大合格者数でトップに立った。自身も灘校OBである京大名誉教授・橘木俊詔によると、このとき日比谷をはじめとした公立高校は浪人生の合格者が多数であったのに対して、灘高校の場合、合格者の約八割が現役生だった。「現役八割」はあまりに驚異的な数字であったがために、「ガリ勉の高校」「受験だけの学校」といったバッシングを受けたそうだ。

その後、九〇年代に入り学習指導要領が改訂され、完全週休二日制も導入されたことで、学習時間は大幅に削減された。たとえば、中学校の総授業時間数は国語が四五五時間から三五〇時間に、数学が三八五時間から三一五時間に、理科が三五〇時間から二九〇時間に、社会が三八五時間から二九五時間に、外国語（英語）に至っては四二〇時間から三一五時間へと一〇〇時間以上も減らされた。「ゆとり教育」のスタートであるが、ゆとり教育では東大をはじめとした有名大学への入学は不可能だ、と多くの親は考えるようになった。そこで、私立中学受験や、有名中学受験を目指した塾が活況を呈するようになるのだった。

だが、こうした社会の流れとは関係なく、灘校では創設以来の教育が続けられた。東大、京大、医学部などへの進学はあくまでも結果にすぎない。有名大学への進学が学校の目標・目的ではないからである。

規則は最小限、判断・行動は最大限尊重

灘校生が東大を受験する理由――。和田孫博《まごひろ》校長によると、「将来、いい職業に就けるといった理由からではなく、難関と呼ばれる大学にチャレンジすることに面白みを感じるから」となる。難易度が高まることで、逆に挑戦意欲が増すというわけだ。東大や京大、難関大学の医学部に進学する生徒が多いのはそのためである。

学校は基本的に進路指導をしない。本人が家族と相談して受験校を選ぶシステムで、進路も「指導」ではなく、生徒が希望する進路を最大限「支援」するのが灘校スタイルだ。

和田孫博校長

進学校と呼ばれるところのなかには、「君の偏差値はこうだから○○大学を狙ったほうがいいよ」といったアドバイスがなされることもあるというが、そのようなことは灘校では皆無である。灘校の特長は自主性の尊重であり、勉強でも学校生活でも、強制はせず規則は最小限にとどめる。学校は、生徒が自分で判断して行動することを最大限尊重する。もちろん、自由であ

ればあるほど行動には責任が伴い、自律性も求められる。それは大学入試に関しても同様なのだ。

テストや休みの過ごし方も各人の自主性に任されている。

高校二年生までは学校の定期テストが唯一の評価基準である。学年全員で模試を受けるようになるのは高二の夏からで、これは一般的な進学校ではかなり遅いほうだろう。一方、生徒が自身の判断で学外テストを受けに行くことや、塾に通うのは自由である。定期試験の成績結果も分布は公表するが、順位表を出すようなことはしない（この点はイートン校と真逆）。よくある長期休暇を使った補講も、成績による一部の指名補講だけで、全体では行わない。むしろ、長期休暇は一人ひとりが自分の個性を伸ばす時間に充てるよう奨励している。

このように、すべてにわたって個人の判断にゆだねており、勉強よりもこの「自主性」と「自律性」に重きを置いているわけだ。

和田校長は、生徒の個性について、こう語った。

「勉強面から見れば目立たなくても、友だちや仲間が多く、リーダーシップを発揮するなど、自ら成長し、何かをもって卒業してくれる生徒もたくさんいます。そういう子どもたちを見るのが、とくにうれしいですね」

果たして我々は知識以外に「何か」をもっているだろうか。

多彩なOBたち

灘校生の個性の豊かさは卒業生を見てもわかる。政界だと複数名の国会議員のほか、現職の神奈川県知事、徳島県知事、新潟県知事、三重県知事が灘校出身だ（二〇一七年四月現在）。神奈川県の黒岩祐治知事はテレビの報道番組のキャスターから転身している。自衛隊の制服組トップである統合幕僚長もいた。官界にもOBはいるが、和田校長に言わせると企業に行く数に比べると少ないということだ。

経済界に目を転じると、江崎グリコ、大阪ガス、アフラック、JR四国などの現職の社長および社長経験者がいる。「ファイナルファンタジー」で有名なスクウェア（現スクウェア・エニックス）の創業者も灘校出身だ。変わったところでは、村上ファンドで名を馳せた投資家の村上世彰《よしあき》もそうで、村上ファンドが阪神電鉄株の買収を試みた際、阻止する側のホワイトナイトとなった阪急電鉄トップも同じく灘校出身者（角《すみ》和夫）だったというのが面白い。

学界となるとかなりの人数にのぼり、ノーベル化学賞受賞者の野依良治《のよりりょうじ》や前東大総長の濱田純一《はまだじゅんいち》をはじめそれこそ枚挙に暇《いとま》がない。灘校出身者に学者が多いのは、好奇心を育む教育も要因だと考えるのだが、それについてはあとで書くことにしよう。

文化人だと、作家の遠藤周作が代表だろう。現役作家だと高橋源一郎が有名だ（麻布から転入）。意外なところでは、無頼派として知られる中島らもも灘校出身である。中島は相当変わった生徒だったようで、中学にはトップクラスで入学しながら、バンド活動に明け暮れ、同級生が進む有名大学には進学しなかった（大阪芸術大学中退）。こういう卒業生がいるところも個性を尊重する灘校らしさと言えるだろう。

入試では「考える力」を問う

先に紹介したような受験実績を誇るだけに、地元・関西に限らず全国から優秀な子どもたちが灘校を目指す。灘高校の一学年は約二二〇名、うち中学からの生徒は約一八〇名で、高校からは約四〇名しか入学できない。その中学に入るのももちろん容易ではなく、灘中の入試問題は難問中の難問として知られる。「難問すぎる」と批判されることも少なくない。ただ、和田校長によると「小学校で習ったことを応用する力があれば、十分、解ける問題である」とのことだ。

小学校の学習内容で解けるかどうかはさておき、入試は二日に分けて実施されるという点を見ても、かなりハードであろう（受験生は小学六年生である！）。ひとつの能力（正確さや計算が速いといった力）だけを見るのではなく、多面的に能力を見ることができるように工夫されているのが特徴である。具体的には、問題を読んで考える力と推論力・推理力を確認し、仮に正解が出せなくても、きちんと自分の言葉を使って説明できているかどうかをチェックしているのだという。

算数の一日目は解答のみを求める形式で、短時間で山のような数の問題を出す。二日目は問題数をぐっと減らし、どういう過程で答えに至ったかを記述させる。国語の一日目は、言葉にまつわる問題が中心で、慣用句など言葉の知識、外来語、俳句などについて問う。ここでは、国語的素養があるかどうかを見るそうだ。二日目は一転、長文の読解問題。ちなみに、毎年詩を鑑賞する問題を出すそうだが、「詩の問題を毎年出しているのは、灘校くらいでしょう」と和田校長は語った。筆者に感情移入できるかどうかを見極める、ということらしい。残る理科（理科は一日のみ。社会の試験はない）は、普段から身のまわりの自然現象や科学ニュースに関心をもっているかどうかを重要視する。仮に見たことがないような問題でも、しっかり考えればわかるように工夫されているので、問題文をよく読み、考える習慣をつけておくことが大切だそうだ。

いずれにしろ、単に知識の詰め込みで解けるものではない。何とか知識の詰め込みで中学入試を突破できても、そういう子どもは伸びにくく、考える力を備え、知的好奇心も旺《おう》盛《せい》な生徒が、灘校では伸びていくそうである。この点に関しては、いまさかんに議論されている二〇二〇年の大学入試改革の方向性と合致していよう。「大学入試改革に灘校はどういう対応をするつもりですか」という問いかけに対して、「いままでやっていることで十分対応できています。何ら変えるつもりはありません」と灘校の副校長があるシンポジウムで話しているのを聞いたこともあるが、こうした灘校の入試の姿勢を見るだけでもうなずくことができる。

考える力を育て、好奇心を育む仕組み

ここから灘校がどのような教育を行っていくかを詳しく見ていくことにしよう。

まずはカリキュラム・ポリシーであるが、中高一貫校の強みを活かし、「これは中学校で学ぶもの」「これは高校で学ぶもの」といった区別をしないで、中学・高校の六年間をひとつの中等教育と捉え教育を施している。これには、次のようなメリットがある。

化学の実験を例にとると、中学と高校で教えることを分けずに、中学の段階でも実験を観察してから原理そして理論を説明し、中学では普通習わない化学式も教える。実験と理論をつなげた指導で、一連の流れのなかで全体像を摑めるようになっているわけだ。化学式や理屈がわかったうえで実験をするから、理解がより深まる。このようにして、結果的

に六年間でその科目を完了することが目指されているのである。これが、知識を体系化しながらの学び（知の体系化）である。

もっとも現実には、多くの進学校と同様、中学三年間の勉強を中二までで終えて、中三から高校課程の勉強を始め、さらに高校でも先取り学習をして高三では受験勉強に専念するといった科目も多い。とは言え、その先取り学習も、あくまでも「教えを深める」が基本なのだ。面白いところだと、国語では中学の一、二年で古文や漢文を、声をそろえて暗誦させる。有名な和歌でも、最初は意味などわからないが、暗誦することが大切だ、と考えるからである。本来なら高校または中学三年で習う内容なのだが、上級になればなるほど恥ずかしがってうまくいかない。「大切なことは下の学年におろして」というのも、ユニークな方法だ。

こうした教え方は教師がそれぞれ独自に編み出しており、実際、灘校では学校が教師に対して独自の教育法を奨励している。学校や校長、理事会も、授業方法にはいっさい口出ししない。そうしたことも背景にあるのだろう、時に全国にその名を轟かすような教師も現れる。その代表が橋本武元教諭（元教頭・故人）の授業だろう。中勘助《かんすけ》の『銀の匙《さじ》』一冊を、中学の三年間を使って読む国語の授業だ。「生涯、心の糧《かて》になるような教材を」との信念から、教科書を一切使わず、手作りのプリントを授業で用いていたそうだ。

担任団制と土曜講座

さて、灘校のシステムとして忘れてはならないのが、「担任もち上がり制による六年完全一貫教育」と「土曜講座」である。

新しい生徒が中学に入った際、英・数・国・理・社・芸術・体育の教諭七〜八人でチームを作り、その「担任団」がそのままもち上がり、高校三年まで続く。ベテランから若い先生までバランスよく配置されており、学習から生活面まで六年間、同じ先生たちが面倒をみるのだ。職員室の席も、もち上がりのチームが一緒で、教科ごとに分かれていない。こうすることで生徒一人ひとりの変化に気づきやすく、対応も早くできる。「あの生徒、今日調子が悪そうだったので、次の授業の先生、気をつけてくださいね」と連絡することなど日常茶飯事だという。中学生とは言えまだ子ども気分が抜けきっていない。その段階で、面倒見のよい先生と出会い、多感な時期を一緒に過ごしていく。教員とのつながりは強くなり、そのなかで生徒は成長していく。また、六年間、教師同士でも指導・アドバイスを行うので、担任団制は若手教員の育成にもつながるのだという。

一方、「土曜講座」は子どもたちの興味関心を高め、好奇心を育てるという点で興味深い。六月と一〇月の土曜日（そのうちの三日）に行われる特別授業で、教員をはじめOB

表 3-2　2017 年度の「土曜講座」の授業例

	テーマ	講師の所属
中学前期	「オーシャンゼリゼ」をフランス語で歌おう	教員
	子どものための哲学	外部
中学後期	ドラえもん学——知能研究からまなぶ自分自身の本当の姿	外部
	超電導の不思議	45回生
高校前期	灘校生と社会のかかわり方	21回生
	いろいろな人生——ビジネスの公的側面と灘高生の使命	33回生
高校後期	アインシュタインの原論文『運動物体の電気力学』前半を読む	教員
	オペラへの招待	教員

や外部からの講師を招き、通常では教えられない授業を行う。たとえば、二〇一七年の前期と後期には、表3－2のようなテーマが並んだ。

他にも盆栽（音楽の教員が習っている師匠が講師。けっこう人気がある）、茶道、田植えなど。学年の枠は取り払っている（講座の内容によっては高校だけのもの、中学だけのものもある）。もともと灘校には、中学の受験科目に社会がないこともあり理系志望の生徒が多く、文系のよさや必要性を知ってもらうためにも、文系内容の講座をたくさん用意しているとのことだ。こうした知的刺激（時には最先端の研究内容など）を与えることで、子どもたちの好奇心は育まれている。なかには国際的な科学技術コンテストに挑戦する生徒も現れる。二〇一六年には国際数学オリンピック、国際化学オリンピックなどで計五名の灘校生（いずれも高校）がメダルを獲得した。先述したカリキュラムや教員独自の指導の影響もあるのだろう、実に好奇心旺盛な生徒が多い。物事を探求する力を育てる――それが灘校から多くの研究者が育つ要因だと考える。

なお、スポーツ（柔道、水泳、ラグビー、バスケット）と音楽も、専門の指導者が教えることが基本で、剣道などは兵庫県警のトッププレーヤーが指導している。灘校のルーツとも言える柔道はもちろん正課である。全員が道着をもち、うまくはなくても受け身は一通りできるようになるらしい。

自主性を重んじる学校だけに学校行事は生徒に一任されている。文化祭はそれが結実したもので、一〇〇名を超える文化委員が企画・運営をする。「科学研究部の科学マジックや鉄道研究部の鉄道模型など見どころ満載」（和田校長）だそうだ。灘校の文化祭を見て、灘中を受けたいと思う子どもも多いという。また、高校の学芸祭では演劇コンクールが実施される。生徒が脚本を書き、衣装も作成する。中学の合唱コンクールでは指揮や伴奏も生徒が行う。クラブ活動もさかんで、四〇近い文化・体育各部に八割を超える生徒が参加する。強豪になったクラブも多く、囲碁部は全国大会五連覇の偉業を成し遂げたこともある。どの部も生徒自身の手によって自主的に運営されているそうだ。

「われわれの使命は、個性をつぶさず個性を尊重しながら、できるかぎり伸ばせる環境づくりを行うことです」

和田校長はそう語った。

三割にのぼる「人のためになることをしたい」

灘中・灘高同窓会事務局に問い合わせ、区切りのよい年を選び、灘校の卒業生の進路を調査したところ、一九八九年度の卒業生までは企業人の数がまさり、次に医者、大学教員

表 3-3　灘校卒業生の大学卒業後の進路

職業＼卒業年度	1974年	1980年	1989年	1998年	2008年
国家公務員	12	7	6	4	6
地方公務員	8	2	3	4	1
独立行政法人				2	1
財団法人			1	1	
大使館				1	
地方公共団体			1		
医師（大学）			11	16	5
医師（大学以外）	25	39	31	22	7
大学教員	24	30	19	26	115
小・中・高教員	1	2		1	
司法界	7	3	6	8	2
会計事務所			2	1	
監査法人			2		
特許事務所			1		
企業人　大企業	61	70	50	38	17
企業人　中小企業（経営者含む）	21	10	26	25	11
塾講師・経営	1	1	3		
建築士	2	1			
自営業	1	1		1	
国会議員	1				
研究所			2		
研究機構				1	
研究開発機構			1		
不明	26	37	58	73	52
合計	190	203	223	224	217

※現役大学生（文系）は７名（2008年度）

※企業に就職した卒業生は、富士通、三井住友銀行、テレビ朝日、独立行政法人・国民生活センター、マッキンゼー＆カンパニー、三菱東京UFJ銀行、三菱重工業、各１名（2008年度）

表 3-4　灘校卒業生の医学部進学実績

大学	医学部	大学院
東京大学	8	55 （内、理Ⅲ 4名）
京都大学	17	14
大阪大学	14	3
京都府立大学	5	0
和歌山県立医科大学	2	0
産業医科大学	2	0

※信州大学、奈良県立医科大学、千葉大学、岐阜大学、広島大学、岡山大学、防衛医科大学校、金沢大学、九州大学、大阪市立大学、大阪医科大学、慶應義塾大学の医学部医学科に各１名
（2008年度卒業生調べ）

と続いていたが、一九九八年度卒業生ではこれら三つの職の人数差が小さくなり、二〇〇八年度卒業生（現在二八、二九歳）では大学教員がだんとつに多くなっている（表3-3）。東大卒業者が最も多いものの、意外と国家公務員になる人は少ない。これは灘校生には理系志望者が多く、人文社会科学系に進む人間が少ないことが影響していると思われる。

医学部人気は、他の私立中高一貫校と同様、灘校でも高い（表3-4）。なかでも最難関中の最難関である東大理科Ⅲ類（大半が医学部医学科に進学）の合格者は、ほぼ五人に一人が灘高校出身である（二〇一七年は一九名合格）。東大医学部を目指すのは、まさに「最難関中の最難関であるから」であり、この章のはじめに書いたチャレンジ精神の旺盛さがこの数字に表れている。ただし、和田校長は「とくに医者は適性が必要な職業なので、自分の適性を十分に考えるよう生徒に教えている」そうだ。「人助けをしたいという純粋な気持ちから医者の道に進んでいると信じている」とも語った。

その和田校長にノブリス・オブリージュ（終章参照）についても聞いてみた。ところが、

返ってきたのは「ノブリス・オブリージュは、上に立ったものの見方ではないか」という意外な答えだった。生徒がここまで到達したのは、自分一人の力ではない。支えてくれる人がいるからこそいまの自分がいるのであり、親や友だちなど周りの存在に感謝し恩返しすることが大切だ、と和田校長は強調するのだ。その恩返しも、「何かをしてあげることではなく、生徒それぞれが立派になっていくこと」だという。立派になって人の役に立つ仕事をする、それがすなわち恩返しであり、校是にある「自他共栄」の意味するところというわけだ。そして、その実現に精一杯努力することが、すなわち「精力善用」となる。

和田校長自身灘校の出身で、その言葉には実感がこもっている。なお、和田校長は八代目である。優れた人格と他者を惹きつけてやまない人間性があふれ出ている。

ちなみに、橘木が灘高校の在校生に「どのような人生を望むか」を質問しているが、結果は「好きなことをしたい」が六五％、「人のためになることをしたい」が三〇％、「地位の高い人になりたい」が五％であった。「好きなことをしたい」が一位は当然として、「人のためになることをしたい」が三割にものぼるのはさすが灘校である。

［コラム1］甲陽学院　それぞれの生徒にそれぞれの居場所を

甲陽学院の基本情報

- 所在地は兵庫県西宮市
- 通学制の男子校
- 生徒数　約一二〇〇名（一学年約二〇〇名）
- 設立年　一九一七年
- 学費　中学一・二年と高校一・二年は年間約七五万円、中学三年と高校三年は年間約六三万円

兵庫県には灘校以外にもう一校、リーダー育成という面で優れた学校がある。甲陽学院だ。灘校には及ばないものの、全国屈指の進学実績を誇る。地元関西を中心に経済界に多数人材を輩出しているほか、教育研究や文化面でも有名な出身者は多い。かつて筆者が憧れた文芸評論家の柄谷行人《からたにこうじん》や、サントリーの佐治《さじ》信忠《のぶただ》会長、アスキー創業者の西和彦などがその代表だろう。

一九一七（大正六）年、伊賀《いが》駒吉郎《こまきちろう》が設立した「私立甲陽中学」が甲陽学院の母体

で、経営不振に陥った同校を、地元の酒造家である辰馬吉左衛門《たつうまきちざえもん》が支援したことで学校の基礎が固まった（一九二〇年）。現在は、白鹿グループの学校法人辰馬育英会が運営する。コラム3で紹介するマーチャント・テイラーズ校とは「企業立」という点で共通している。

教育方針は、「気品高く教養豊かな有為の人材の育成」。イートン校を念頭にアカデミックな雰囲気の学校を目指しているというだけあって、生徒たちはみな、知的で礼儀正しい。入り口の門扉で出会った半袖、短パン、長髪の男子生徒も、筆者の問いかけに対し、非常に丁寧な対応をしてくれた。ただし、「気品高く」に関しては、実は「とくに何もやっていない」そうだ。むしろ、同校は生徒の自主性を重んじており、教員からの押し付けではなく、先輩の姿を見て後輩が学んでいくといったやり方で人間性を磨いていくという。「自主性を重んじ、教員からの押し付けはない」点は、イートンとはやや異なる部分であろう。

まだまだ子どもと言える中学では校則を設けているが、高校になるといっさいが自由である。もちろん、制服もない。髪の毛を染めるのもOK。ピアスをつける生徒もいる。学校で行われる行事のほとんども生徒だけで企画し運営されている。「やりたいことはできるだけ生徒にやらせたいと考えています。外見など関係ありません。自由でいいのです」と石井慎也教諭（現教頭）と杉山恭史教諭は話す。それでも、気品はしっかりと身につく。たとえば、訪問した日はたまたま終業式だったのだが、六〇〇人もの生徒が講堂に集まり、三〇秒ほどで静かになった姿は、毅然としており実に見事だったという。

変わった子や不思議な子もいるが、「彼らはそういうやつだから放っておこう」といった大人の対応を生徒たちはする。学校のなかに生徒それぞれの居場所があるのだ。居場所があるので、それらの個性が残り、活きてくる。むしろいろいろな生徒がいることが大切なのだろう。また、自由であるがゆえに生徒たちは互いを刺激し合う。ライバルでありながらともに頑張ろうとする精神も生まれるのだそうだ。それが大学受験においても、よい環境、よい雰囲気を生み出し優れた進学実績につながっているのかもしれない。ちなみに、同校では中学入試しか行っておらず、高校からの入学者はいない。その入試も子どもたちの成長の可能性を積極的に汲み取った問題となっている。

さて、そんな甲陽学院で筆者が注目しているのが、「母港になる」という考えである。教師が愛校心という言葉を口にすることはないし、具体的に「母港」という言葉が何かに明示されているわけではないが、「同じ雰囲気をもった懐かしい場所であり続けたい。『なんや昔と変わらないやないか』、その言葉がうれしいんですよ。まさに母なる港のような存在でありたい」と、石井教諭は話す。

実は、甲陽学院では「変わらないこと、変わらずずっと同じでいられることが重要だ」という考えが根づいている。時代とは競わず、あえて何もしない。それがまた伝統であり、次の世代の伝統につながっていくわけだ。

石井教務主任（右）と杉山進学資料室長（当時）

たとえば、ゆとり教育の折の指導要領改訂では多くの学校が翻弄されたが、甲陽学院はまったく動じなかった。また、最近の風潮として面倒見のよさが推奨される傾向にあるが、生徒たちの悩む姿を見ても、教員たちは手を差しのべたい気持ちをぐっと押し止めるそうである。あくまでも生徒自らの力や考えで道を切り拓くことが伝統であり、それが生徒にとって一番との考えが根底にあるからだ。

生徒にとって教師は、少し離れた場所から優しく、しかし、しっかりと見守ってくれる「親のような存在」。甲陽学院では生徒は教師を「さん」づけで呼ぶが、この垣根の低さとやさしさがあるがゆえに、旅立ったあと悩んだり傷ついたり、立ち直れなくなったときに帰ってくることができる場所になるのだろう。

自主性を重んじるから生徒たち同士も必要以上に干渉し合わない。いろいろな人間、いろいろな個性があるということを甲陽学院の生徒たちは自然と認識し、そこから友情が生まれる。一本筋の通った血が通う教育、外見ではなく中身を重視することで、物事の本質を見極める力を育てる教育を行っている甲陽学院、こうした教育はパブリック・スクールと同じだ。パブリック・スクールの卒業生たちも母校愛が強いが、真の母校愛というのは、まさにこうした自主性の尊重、そして生徒同士、あるいはまた、生徒と教師との切磋琢磨から生み出されるのだろう。

そのことを甲陽学院を訪問して改めて思ったのだった。

第四章　権威に屈しない人間——ラグビー校と麻布

常に前向きにチャレンジを続けているのが、ラグビー校と麻布だ。

二〇一五年度におけるラグビー校の将来計画の一番目は、「すべての領域においてて革新の伝統を守りながら、イギリス、および世界において共学校としてトップのひとつであること」である。この言葉から理解されるように、何よりも革新ということに力点が置かれており、伝統的な学校だからといって過去の栄光を守ることに汲々としてはいない。その最たる例が、権威のあったイートン校に対抗する目的で作られた、一八の独立学校群からなる「ラグビー・グループ」だ。ここにはチャーターハウス校、ハロウ校、シュルズベリー校、ウィンチェスター校などが属している。交流行事やスクール・マッチを実施するだけではなく、学費、授業料、カリキュラムや共通課題についても議論する。たとえば、イートン校が従来の古典や宗教に力を入れているのに対し、ラグビー校は伝統的学問領域は残しつつも新しくチャレンジングな領域の学問に力を注いでいる。

麻布もチャレンジングなところは負けていない。たとえば、二〇一三年の入試では、ドラえもんはなぜ生物ではないのかという記述式問題を出して話題となった。「卒業共同論文」や「基礎課程修了論文」など他校には見られない取り組みも枚挙に暇がない。教師に思い切った取り組みをする権限が与えられている点は、灘校とも共通する。

麻布はそもそも創設者が個性的だった。権威にこびず、正しいと思ったことに邁進《まいしん》する風土が培われている。ラグビー校も中興の祖であるトマス・アーノルドが独特の教育観をもつ人物だった。その教育観はパブリック・スクールそのものを変えていく。いまのパブリック・スクールのハウス制度もアーノルドの功績によるところが大きい。自由すぎるくらいの麻布と、古典教育を中心に、よいものは残そうとするラグビー校という違いはあるが、両校はいろいろな面でよく似ている。

ラグビー校　慈愛深い知恵をもつ人間を育てる

ラグビー校の基本情報

・所在地はイングランド中部のウォリックシャー州
・通学生もいる共学校（男子五四％、女子四六％、約八〇〇名が寄宿）
・定員は九五〇名（一学年約二〇〇名）
・設立年　一五六七年
・学費　一万一五八四ポンド（寄宿生、一学期あたり、三学期制）／七二六八ポンド（通学制、一学期あたり、三学期制）
・その他の特徴　通学生は一一歳から、寄宿生は一三歳から入学

ラグビー校の礎を築いたアーノルド

男子の制服はツイードのジャケットにパステルカラーのシャツ、黒の革靴が基本。必要な折に、Vネックのジャンパー、学校かハウスのスカーフ、暗い色のコートを学校のジャケットの上に羽織《はお》ることができる。さらに、男子生徒は、ハウスタイ、ハウスヘッド（寮長）用のタイ、賞で受けたタイなどを身につけることが推奨される。一方、女子の制服は

丈の長さが独特な女子生徒の制服

ハウスバッジ、その他バッジ、学校から指定されたスカート、シンプルな黒いタイツか靴下で毛糸の靴下は使用禁止。実は、このスカートがとても長く、お世辞にもファッショナブルとは言えない。しかし、短くすることは禁じられている——。

「パブリック・スクールと言えばイートン校かハロウ校か」と言われるが、では、「それに続くのはどこなのか？」と問われた場合、多くの人がラグビー校を挙げるのは論を俟《ま》たないであろう。

ラグビー校は、スポーツのラグビー発祥の地として世界中に知られる。また、歴史が古く、進学実績も極めて高い。後に述べるように著名なＯＢも数多く輩出している。名門と呼ぶにふさわしい学校なのだが、ラグビー校の名声を高めているのは、いまに続くパブリック・スクールにおける教育の原型がそこで生まれたことも大きな要因となっている。ラグビー校の中興の祖と呼ぶべきトマス・アーノルドが校長としてさまざまな改革を行い、それがイギリス中に広まっていったからである。

アーノルドはどんな改革を行ったのだろうか。具体的なその内容を見る前に、まずはラグビー校がどのような学校なのかを確認しておこう。

ラグビー校の所在地はウォリックシャー州のラグビーという都市だ。そこはエイヴォン川が流れる丘陵地である。ロンドンから北へ高速道路を走って二時間程度、距離にして約一三〇キロのところ。創設者はローレンス・シェリフで、ロンドンで食料品店を営み、後にエリザベス一世の香辛料の御用商人となった人物だった。彼が自身の屋敷跡に学校を建てたのがラグビー校の始まりとされている。一五六七年のことで、日本では織田信長が勢力を伸ばしていた時代にあたる。

このころすでに、ヨーロッパの国々では財をもつ個人が学校を作る、といったことがさかんに行われていた。シェリフもその一人で、地域の若者に教育を施そうと考えたのだった。そのため、当初はラグビーと隣接するブラウンズオーバー村の少年に関しては授業料を取らない形（＝基金を受ける給費生）をとった。と同時に、基金を受けない私費生も受け入れ、

ラグビー校の校舎

合計二六〇名の寄宿学校としてスタートさせた。そして、およそ一〇〇年後の一七世紀後半に、富裕層で子どもに教養を身につけさせたいと考える親が増えてきたのを受け、彼らの子どもたちのための寄宿学校にしようと方向転換を図った。ところが、これがうまくいかなかったのである。一六八五年には生徒がまったくいなくなってしまった。その後少しは盛り返したものの、一七九六年には「生徒の暴動」が起こるなど、閉塞状態とも言える時期が長く続いた。このようななか校長に就任したのが、トマス・アーノルドである。

アーノルドは一七九五年生まれ。イングランド南部のハンプシャー州の対岸にあるワイト島で生まれた。ワイト島は温和な気候と美しい風景によりリゾート地として発展した場所で、ヴィクトリア女王がこの地に別邸を置いたことでも知られる。アーノルドは一二歳のとき、最古のパブリック・スクールであるウィンチェスター校に進学し、一六歳でオックスフォード大学に入学した（当時、一六歳での大学進学は特段珍しいことではなかったそうだ）。さらに一九歳で、同大学のオリエル・カレッジのフェロー（研究員）として採用された。その後、家族を養うためレイラムという町に移って私塾の講師を務め、一八二八年、オックスフォード時代の恩師の推薦を受けて、ラグビー校校長の公募に応じ、採用されたのだった。

アーノルドの改革①――ハウスシステム

アーノルドの改革は多岐にわたるが、ここではジェントルマンシップとリーダーシップに関係するものに絞ることにしよう。このとき、キーとなるのがハウスシステムの確立、古典を中心とした教養教育、そして教育におけるスポーツの活用の三つである。それらを通じてアーノルドは、ジェントルマンの育成を目指したのだった。

ジェントルマン――日本語に訳すと「紳士」となるが、そもそもは中世末から近代初頭にかけて成立したイギリスの社会層で、支配的階層を指していた。意味するところは時代によって微妙に異なり、たとえば一六世紀のジェントルマンは「地代収入による豪奢《ごうしゃ》な生活や政治活動を行う教養ある有閑階級」だった。基本的には、公・侯・伯・子・男という爵位を有する貴族と、貴族同様に家紋である紋章の使用を認可されていたジェントリーからなっていた。ジェントリーは主に中産階級に属する商工業者である。一六四二年のピューリタン革命（清教徒革命）による共和政治からクロムウェルによる独裁政治、そして一六六〇年の王政復古へとめまぐるしく時代が移り変わるなか、彼らはピューリタニズムによる清廉《せいれん》な行いと祈り、そして勤勉さを尊んで生きていた。当時の代表的人物であるジョン・ロック（一六三二～一七〇四）の著書『教育に関する考察』によると、このころのイギリス人の理想とする紳士＝ジェントルマンは、財産のほか「徳（Virtue）、知恵（Wisdom）、教養（Breeding）、学識（Learning）」をもつ者であり、誰もが子息にこの四つを望むが、なかでも「徳」を最も重要視した、としている。

ジェントルマンを育てるため、アーノルドはまず、それまで「寝るための施設」にすぎなかった寮（ハウス）を「二四時間、教育を施す場」に変えていった。すでにイートン校で見てきたように、ハウスには責任者たる教師（ハウスマスター）が住み、その他、サポート役の人間も含め、日常生活や学業、進路の指導を行うシステムになっているが、これはアーノルド時代のラグビー校から始まったものだ。寮のなかにおいては上級の監督生が下級生の面倒をみるという習慣もアーノルドによって作られた。

当時のパブリック・スクールでは、プリフェクトと呼ばれる最上級生が教師を凌《しの》ぐ力をもち、他の生徒たちの上に君臨していた。また、上級生がファッグと呼ばれる下級生に私的な雑用をさせる悪しき慣習があり、上級生は下級生を相手に日常的にいじめや乱暴な悪ふざけを行うなど、教育現場は非常に荒れていた（合わせて、プリフェクト・ファッギング制度と呼ばれる）。いかにも理不尽な風潮だが、この当時はむしろ、「いずれは支配階級の一員となる子どもたちを訓練するための最良のもの」であるとみられていたのである。

アーノルドはこれらを逆手にとる。ハウスを中心に学校のあらゆる場面で、上級生の代表者に下級生を正しく指導させるようにし、この代表にさまざまな特権や名誉を与えたのである。代表はエリートとみなされ、統率力、リーダーシップを期待されるようにもなった。教師たちはこの代表を管理し、生徒たちの生活態度を改善していったのだった。現在、パブリック・スクールだけではなく、多くの公立・私立学校が活用しているハウスシステムは、これを引き継ぎ発展させたものである。

現在全校生徒は九五〇名で、そのうち八〇〇名が寮生活を送る。ラグビー校は、「教師と生徒が寮生活をともにしながら学問をし、人格を磨く」というのが教育方針で、自宅から通う生徒もハウスに所属するし（通学生専用のハウスが男女各ひとつある）、教員もすべてどこかのハウスに所属している。まさに、ハウスが指導の軸になっているわけである。

寄宿用ハウスは一三で、男子向けが七つ、女子向けが六つ（ラグビー校は一九九五年より正式に男女共学になった。比率は男子六：女子四。各ハウスは最大六〇名収容）。ザ・ナインのなかで他の共学校は、ウェストミンスター校やシュルズベリー校である。通学生用をあわせて合計一五のハウスがあるわけで、スポーツや演劇などさまざまな学校行事がこのハウス単位で行われる。ハウス対抗の行事も多い。通学生もランチはハウスに行って食べる。ハウスの自習室で勉強もする。いろいろな相談や指導も義務時間（Duty Time）と呼ばれる時間にハウスに所属する教員によって行われる。これだけ密接なのだから、生徒の帰属意識は自然と高まり、自分のハウスが一番素晴らしいと考えるようになるのも当然だろう。

なお、学力面だけでなく、スポーツや音楽など各自の能力を見極め、バランスよく生徒を各ハウスに配するという点は、イートン校などとまったく同じだ。ちなみに、男子が女子の、女子が男子のハウスを訪問することは可能ということだった。

アーノルドの改革②――教養教育

再びアーノルドの改革に戻ろう。アーノルドは教養、とくに古典を重視したことで知られる。それを通じて、生徒一人ひとりに使命感と責任感を自覚させ、道徳心を養ったのである。彼が目指したのは「クリスチャン・ジェントルマン」の育成であるが、宗教教育

（ラグビー校だけでなく、ザ・ナインすべてがイギリス国教会と関係が深いが、ウェストミンスター校はとくに強いと言える。アーノルド自身、司祭の資格をもつ）に加えて古典教育はその核と言えるものだった。

「ギリシャ語やラテン語は不要だという人がいる。しかし、仮に学んだ本を捨てても、学んだすべてを失うわけではない。優れた古典はその人のなかに残り、有機的につながって知識以上のものを生み出す」

アーノルドは自身の手紙のなかで語っている（一八五二年）。ギリシャ語やラテン語を学ぶことは、言葉を学びながら言葉のなかに埋もれた哲学を学ぶという点で、若年期に人間の精神を形作る目的にぴったりかなっているのだ。そのうえでアーノルドは単なる暗記教育は行わなかった。モンテーニュ（一五三三〜一五九二）も、『子どもの教育について(Essais de Messire Michel Seigneur de Montaigne)』のなかで、カルタゴ滅亡の「年号」よりも、また、マルケルス（ローマの政治家）が「どこで」死んだかよりも、何のために、なぜ死んだのか、その理由を考えることの重要性を、つまり史実を覚えるのではなく、それを判断することの必要性を唱えたが、アーノルドも覚えた知識で生徒自身が考えることを重視した。現在の日本では大学教育を中心に、実学重視に向け舵を切ろうとしているが、少なくともリーダー養成という面ではマイナスだ。歴史は繰り返す。自国や世界の歴史の

表 4-1　ラグビー校の時間割の例

	月曜日	火曜日	水曜日	木曜日	金曜日	土曜日
	チャペル 08:25		チャペル 08:25		チャペル 08:25	
第1限	08:45 09:40	08:25 09:20	08:45 09:40	08:25 09:20	08:45 09:40	08:25 09:20
第2限	09:45 10:40	09:25 10:20	09:45 10:40	09:25 10:20	09:45 10:40	09:25 10:20
第3限	11:10 12:05	10:50 11:45	11:10 12:05	10:50 11:45	11:10 12:05	10:50 11:45
第4限	12:10 13:05	11:50 12:45	12:10 13:05	11:50 12:45	12:10 13:05	11:50 12:45
第5限			14:10 15:05		14:40 15:30	
第6限	15:15 16:10		15:10 16:05		15:35 16:25	
第7限	16:15 17:10					

意味を知らずに、いかにしてグローバル社会で勝ち抜こうというのだろう。

ラグビー校では現在も古典重視のカリキュラム編成がなされている。たとえば、「古典語」という時間にはラテン語などを学ぶ。「歴史・地理」の時間も多く、これらは主にギリシャ、ローマ時代を学ぶ科目だ。古典語は「聖書学」の時間を通じても勉強する。いずれにしろ、古典の勉強は、直接受験につながるようなものではない。歴史の場合も暗記中心ではなく、アーノルド以来の伝統を引き継ぎ、史実を正しく知ったうえで、その教訓として現代にどう活かすかを考えることに主眼が置かれている。古典を学ぶことにより人間としての道を知る。そして、気高い人間を他者と分けるものは、宗教心ではなく道徳的

表4-2　ラグビー校の授業例（高学年の歴史の授業）

1 中世	アングロ・サクソン時のイングランドとノルマン人征服
	十字軍遠征とその都
	ヴァイキングの時代
2 近代初期	1445年から1509年まで：ランカスター朝、ヨーク朝、ヘンリー七世
	フランス革命とナポレオンの統治
	16世紀と17世紀のポピュラー・カルチャー
3 近代	スチュアート王朝と市民戦争の起こり
	アメリカ独立戦争
	ロシアとその支配
4 近代後期	ピット首相からロバート・ピール卿（ハロウ校出身）まで
	民主主義とドイツの独裁
	アメリカ市民権

思慮深さ（moral thoughtfulness）だとアーノルドは言うのだ。

その他、国内外での研修旅行が多数企画されており、たとえばフランスでの科学と言語の研修や、イタリアでのラテン、ギリシャの古典研修、ドイツでの歴史研修、ウェストミンスター（国会）での政治研修などを通じて生徒たちは教養を磨いている。

ウィンチェスター校の校長（一八三五〜一八六六）であったモバリー博士は、スタンレー牧師に宛てた手紙のなかで次のように書いている。

「アーノルドに学んだ生徒は、他の生徒と異なる。彼の生徒は思慮深く、敬虔《けいけん》で、男気があり、仕事や義務を尊び、アーノルドの深い影響を感じる。そしてアーノルドに学んだ生徒が多くの影響を周りの人々に与えていった」

表4-2は、高学年の歴史の授業をリストアップし

図　LXX の教科書（部分）

Rugby School 450th 1567-2017

LXX 2017-18
Recommended summer reading

Below is a list of potential reading from each A level department. These are only suggestions; there is no insistence that you should read all of them, nor should you refrain from investigating other titles if you so wish. The aim is to keep both your brain and your interest growing over the long summer holidays – as with any muscle, an extended period of neglect is counter-productive. So that you feel as confident as possible for the step up to A level, it would be great if you could read at least one text from each subject relevant to your subject choices.

ART	
Camera Lucida: Reflections on Photography	Barthes, Roland
The Rise of the Sixties: American & European Art in the Era of Dissent	Crow, Thomas
Contemporary Art: A Very Short Introduction	Stallabrass, Julian
Contemporary Art: World Currents	Smith, Terry

ART HISTORY	
The Secret Power of Beauty	Armstrong, John
Keeping an Eye Open	Barnes, Julian
Ways of Seeing	Berger, John
The Story of Art	Gombrich, Ernst
Art and Illusion	Gombrich, Ernst
A World History of Art	Honour, Hugh & Fleming, John
The Shock of the New	Hughes, Robert
Art in History	Kemp, Martin
The Power of Art	Schama, Simon

BIOLOGY	
The Accidental Species. Misunderstandings of Human Evolution	Gee, Henry
Francis Crick. Discoverer of the Genetic Code	Ridley, Matt
One in Three	Wishart, Adam
Killer Germs	Zimmerman, David & Barry
Extremes. Life, death and the limits of the human body	Fong, Kevin
Bats sing, Mice giggle	Shanar, K & Kanwal, J
Eating the sun	Morton, Oliver

BUSINESS	
Pre-course preparation	
The Innovator's Dilemma	Christensen, Clayton
The Business Book (Big Ideas)	DK
Biography: Steve Jobs	Isaacson, Walter
Why Sell Tacos in Africa	Oberschneider, Paul
Complementary reading	
Strong Woman	Brady, Karren
Like A Virgin	Branson, Richard
Built to Last	Collins, Jim
Against the Odds	Dyson, James
Bankable Leadership	Euric, Tasha
The Org	Fisman & Sullivan
All Marketers Are Liars	Godin, Seth
Permission Marketing	Godin, Seth
Competitive Advantage	Porter, Michael
The Lean Start-up	Ries, Eric
The Halo Effect	Rozenzweig, Phil
What You See is What You Get	Sugar, Alan

1　　T: JDM/New_Student_Guide_Reading_List_July17

たものだ。幅広く、また詳しいことがよくわかる。なお、定期的に歴史研究会による外部からの講演や生徒の論文発表があって、ジャーナルにまとめられる。これは後で詳述する麻布で出版される『論集』にも通じるものだ。異なる点は、ラグビーでは教師もこのジャーナルに投稿するところである。

また、前ページの図を見るとわかるように、驚くほど多種多様な教科書が挙げられているが（Fブロック＝新入生＝Year 9用で一三〜一四歳用、Eブロック＝Year 10、Dブロック＝Year 11、LXX＝Year 12）、これらの教科書は自習で使われる。教師は授業の前に教科書の問題を解かせておき、授業ではまれにしか使用しない。教員は授業用には一般に自分で作成したプリントを使う。ただ、数学や科学では教科書をそのまま使用するということだ。

アーノルドの改革③――スポーツを通じた教育

さて、ラグビー校と言えばスポーツのラグビー（正式にはラグビー・フットボール）が生まれた場所として知られる。それはウィリアム・ウェッブ・エリスという少年が、サッカーの試合の最中に、本来してはいけないボールを手にもって走り出してしまって云々、などという伝説がある。しかしながら、実際にはそのようなことがあった証拠はないそうだ。エリスは実在の人物で、オックスフォード大学に進学、卒業後はフランスで宣教師になったそうだが、このエピソードがもち上がったのも彼が亡くなった後らしい。いまでは後世の人間が作ったロマンティックな物語であるという説が有力視されている。

ただし、ラグビー自体がラグビー校で生まれたのは間違いなく、ラグビー校の歴史をひもとくと、一八二三年にラグビー・フットボールが誕生したと記されており、その普及にはアーノルドが深く関係している。ケンブリッジ大学へ、また、オーストラリアやアメリカにもラグビー・フットボールが輸出された。

エリス少年を讃える石碑

当時のイギリスではフットボールというスポーツが広く行われていた。いまではフットボール＝サッカーであるが、当時はそうではなかった。そのころは足を使ったボールゲームを総じてそのように呼び、ルールなどはまったく統一されておらず、町や学校ごとにルールを決めてゲームを楽しむという状態だった。ボールを手にして走るという行為も、明確にルールとして禁止されていたわけではなかった。

いずれにしろ、ラグビー校にも「ラグビー校」方式とでも呼ぶべきものがあり、それがいまのラグビーの原型となった。そのラグビー校方式のフットボールにアーノルドは目をつけたのである。アーノルドはそれまでのパブリック・スクールで行われていた狩猟や射撃のような上流階級が好んだ個人スポーツではなく、団体スポーツを積極的に教育に取り入れるようにした。団体スポーツは彼の目指すジェントルマン養成にもかなうものだと考えたからだった。

もっとも、当時のフットボールはかなり野蛮なスポーツで、相手を蹴ったり投げ飛ばすことなど当たり前。上級生の下級生いじめの道具にも利用されていた。対してアーノルドは、ラグビー校方式のフットボールに「蹴ってはいけない」「投げてはいけない」など教育的要素（ルール）を加えていった。そうした地ならしを行い、生徒たちに推奨したのである。そして、その効果は次のようなところに現れていく。

・ラグビーのような団体スポーツでは選手同士が助け合わないといけない。また、それぞれ役割をもって行動する。それにより自然と相手を敬い、自尊精神も育成される

・まとまりのないチームは勝つことができない。キャプテンなど上に立つ者の力量が勝負を左右するので、彼らのリーダーシップが磨かれる

ラグビーというスポーツ特有のものとしては、「自律性」を強調してもいいだろう。ラグビーの監督は通常、グラウンドに立たずスタンドにいる。これはプレーが始まると、監督のすることがなくなるからである（以前は、負傷退場以外の選手交代もなかった）。ゲームが始まるとすべてキャプテンを中心に選手が判断し行動しなくてはいけない。スポーツを通じて自律性・自主性が養われる好例であろう。さらに、ラグビーは身体を激しくぶつけ合うため、正々堂々としたフェアプレー精神がなければエキサイトするばかりである。だから、「遵法《じゅんぽう》精神」や「気持ちの制御」が厳しく求められる。どんなことがあっても、レフリーのジャッジに従わなければならないし、トライを決めても喜びを爆発させないことがラグビーでは美徳とされる。これこそ、まさにジェントルマン。ラグビーが「紳士のスポーツ」と言われるゆえんなのである。

ラグビー校式の学校運営が成果を上げたことを受け、新しく作られたパブリック・スクールではアーノルドの教え子やその弟子を校長に迎えるところが出てきた。その人たちは、ハウスシステムや教養・古典教育と同時に、ラグビー校方式のフットボールも取り入れていった。さらに、彼らが成果を上げたことで、ラグビー校式の学校運営とスポーツとしてのラグビーはイギリス全土に広がっていく。

この過程でスポーツとしてのラグビーも一八四五年には基本的なルールが整備され、一八七一年にはほぼ現在のようなスタイルとして完成したのだった。そこで、国際統括機関であるワールド・ラグビー（前ＩＲＢ〔International Rugby Board〕）は、この一八七一年を「ラグビー競技誕生の年」と定めた（エリス少年の伝説は受け継がれ、ワールドカップの優勝国には「エリスカップ」が贈られる）。アーノルドがラグビー校を去ったのは、ラグビー競技誕生の年をさかのぼること三〇年前の一八四一年だ。母校・オックスフォード大学の近代史の教授に就任した。しかし、翌一八四二年に四七歳の若さで死去する。自身が関与したラグビーの隆盛の様を見ることはなかった。

近年の研究では「アーノルドはそれほどスポーツに教育的価値を認めていなかった」ともされている。スポーツは学校改革を推し進めるため、生徒たちの協力を得る代償だったという見方や、激しい運動をさせることによって思春期・第二次性徴期の少年たちの性的欲求を減退させる狙いがあった、という議論もある。団体スポーツを通じて組織への忠誠心を養う目的もあった、というのもよく言われることだ。仮にそうだったとしても、パブリック・スクールがスポーツを重視し、それが教育的な効果を上げてきたことに変わりはない。その結果、ラグビーという紳士のスポーツが生み出され、世界に広がったことも間違いなく事実なのである。

なお、ラグビー校にはスポーツ以外にもリーダーシップを育てるための機会が多く、ハウスの社交行事やチャリティー行事、演劇（House Play）などでは、生徒の自主性が尊重され、すべて生徒の考えで運営される。こうした行事でも、先頭に立つ者はメンバーを率い、成功に導かなくてはいけない。とくに夏の最後の週に実施されるフェスティバル（学校全体の行事）は劇やコンサート、詩の朗読、ワークショップ、ダンスなど盛りだくさんで、地元の人たちも参加した一大イベントになるそうである。

いまも息づく「慈愛深い知恵」

現在のラグビー校の校長、ピーター・グリーンも「ラグビー校の偉大なる校長、トマス・アーノルドの教えを継承していくことが重要だ」と語る。とくに、グリーン校長が強調するのが、「教育こそが一人ひとりの生き方を変えることができる」というアーノルドの考えである。教育で最も重要なことは、「信仰と徳をもって行動すること」であり、次に、「人々に慈愛をもって接すること」、そして最後が「学力や能力」なのである。

当たり前のことであるが、教育は学力や成績以上に人格を形づくるものだ。この基本的なことをわれわれは忘れがちである。そして、第三の「学力や能力」においてラグビー校が重視することとは、学究的卓越性を育て、個々人の才能を伸ばすことである。生徒はラグビー校の教育を通して、自己の潜在能力を最大限に引き出す術《すべ》を学び、自己の特異な才能を開花させる。

しかし、あくまでも人格形成が教育にとって最重要で、次が慈愛である。学業はさらにその次なのだ。そのうえで個々人の才能を伸ばすことが、ラグビー校の基本的なスタンスである。実際、ラグビー校においては、学業だけではなく、スポーツ、音楽、演劇など、文化面で生徒たちに多様な機会を与えている。

「われわれは優秀さ（excellence）を追求しているが、それは学問に限ったものではない。どの生徒であろうと何か卓越したものをもっていると私たちは信じている。だから、支援を求める生徒、必要とする生徒には徹底して支援するのです」（グリーン校長）

イートン校と同様、ラグビー校でも才能を伸ばそうとする生徒への支援は惜しまない。指導者をわざわざ招聘《しょうへい》することもあり、実際、「なぜ子どもの学校としてラグビー校を選んだのか」との問いに、「すべての子どもはなにがしかの特別な才能をもっていると学校は考えており、その才能を積極的に見出してくれるから」「学業に価値は置いているが、他の領域での卓越性を犠牲にしてまで、学業に力を入れるよう生徒を指導するような学校ではないから」と答える保護者もいるくらいだ。

個性の重視は、ラグビー校を考えるうえでのキーになるだろう。

しかし、決して学業も疎《おろそ》かにしないところが名門校たるゆえんである。オックス・ブリッジへの進学率は一二％で、オックスフォード大が四名、ケンブリッジ大が七名（二〇一四年）。アメリカの有名大学にも四％が進学し、残りもほとんどがラッセル・グループの大学である。分野別に見ると、五％が医学、二二％が科学・工学、三四％が人文科学、三一％が社会科学で、芸術・演劇・音楽の分野にも七％が進む。有名なOBのなかには詩人のマシュー・アーノルド（トマス・アーノルド校長の息子）、児童文学者のアーサー・ランサム、作曲家のロビン・ミルフォードなどがおり、ルイス・キャロルを含め文学や芸術の分野の人が意外と多いのも、個性を重視するラグビー校ならではと言えるかもしれない。この点は、次節で取り上げる麻布とも類似する。

ところで、先に紹介した「なぜ子どもの学校としてラグビー校を選んだのか」との問いに対して、「地域に貢献する強い意識をもった学校である」と答えた保護者もいるのだが、地域貢献はラグビー校の大きな特徴である。

木曜日にはかなりの数の生徒が街に出てチャリティーショップ、たとえばオックスファム（貧困を撲滅するなどを目的に活動する組織）や心臓病支援基金の店といった場所に出向き、無償で働いている。また、老人ホームを訪問して楽器を演奏したり、劇を一緒に演じるグループもある。少年刑務所に行って読み書きを支援するグループもあれば、地元の老人をショッピングに連れていったり、お使いに行ったり、座って一緒にお茶を飲んだりす

表4-3　代表的なラグビー校特有の話し言葉

各パブリック・スクールには、スクール特有の隠語がある。その一例を示しておこう

英語	読み	意味
beak	ビーク	マスター
bodger	ボジャー	校長
bug	バグ	図書館
levee	レヴィー	学校のプリフェクト(監督生)
puntabout	パンタバウト	ラグビーボールを蹴ること
turn	ターン	上手くやれなかったことを再度トライせよ

るグループ、障害児の学校に行って、彼らと一緒に活動するグループ等々、地域貢献活動の種類は実に多い。こうした活動を学校は奨励し、また支援している。生徒自身も誇りに感じて、最初は恥ずかしがっていたのが、上級生になるとごく自然に行うことができるようになっていくそうだ。と同時に、当然そこから生徒たちは多くのことを学ぶわけである。これこそ生きたジェントルマン教育であり、リーダーシップ教育であろう。

「ジェントルマンシップで重要なことは、他人を第一に考えることだと思っています。他人が何を必要としているかに気づき、共感（empathy）する感覚を身につけることが大切です。また、何が正しく何が悪いことかを理解すること、すなわち正しい道徳観を育てることにも力を入れています。生徒たちには高貴なる義務（ノブリス・オブリージュ）をもつことも、あからさまにではありませんが期待しています」

副校長のハンプトン先生はそのように語ってくれた。これはまさにかつての偉大なアー

ノルド校長が語った「慈愛深い知恵（humane wisdom）」である。アーノルドは「慈愛深い知恵」を固く信じてやまなかったが、この知恵こそが、今日においてもラグビー校を特徴づけるとともに、われわれ日本の学校が必要としているものかもしれない。

麻布　真理を尊ぶ反骨精神

麻布の基本情報

・所在地は東京都港区
・通学制の男子校
・生徒数は約一八〇〇名（一学年約三〇〇名）。高校での入試は実施していない
・設立年　一八九五年
・学費　約六七万円
・その他の特徴　制服はなし、髪型も自由

麻布の反骨精神

二〇二〇年に大学入試が大きく変わるのはみなさんご存じのとおりだ。センター試験が新しく「大学入学共通テスト」に置き換わり、記述式の問題や英語に関しては民間試験の導入が検討されている。さらに大きな変更点は高校調査書のなかで生徒の主体性の評価が始まることである。教科の枠を超えた合教科型の試験も導入される予定だ。これらについ

ては、教育関係者はもちろん保護者も関心が高いと思われるが、そもそもこの改革がどういった狙いで進められているかについての関心は、希薄になっているのではないだろうか。

表面的には、いまの大学入試はあまりに知識偏重で「思考力」「判断力」「表現力」が正しく評価されていないという問題がある。また、これからは主体性をもって多様な人々と協働することがますます重要になっていく。だから、選抜方法を変えることで、これらを伸ばしていこうというのが、改革の目的である。

しかし、もっと根深い問題がある。少しだけ筆者の考えを述べさせていただこう。

まずは、近年の学生の学力不足がある。少子化に伴う私学経営の危機もあり、多くの大学が学力を十分担保せずに入学させている。次に、大学入試改革を主導する「高大接続システム改革会議」では、高校教育と大学教育の知識・能力が「同軸上に積み上げられている」ことを念頭に議論が展開されているが、実は両者には構造的違いがあることが認識されていない。高校までに「積み上げ」られた教科科目を、大学における学術科目へ「組み替え」る必要があるのに、実際はそうなっていないのである。昔であれば旧制高校がその役割を果たしていたのだが、いまの日本にはこの「組み替え」に必要な「バッファー装置（緩衝装置）」が備わっていない。対して、二四四ページで詳しく述べるイギリスのシックスフォーム（高等教育進学準備教育課程、イギリスの大学進学に向けた準備期間）はまさにその「バッファー装置」に当たる。

要するに、大学入試改革が対症療法であっていいのか？というのが筆者の考えなのだが、少なくとも麻布中学・高校（＝麻布学園。以下、麻布）は、旧制高校が果たしてきた役割の一端を担っている。いわゆる男子御三家（開成、麻布、武蔵）と呼ばれる学校のなかで、とくに麻布を取り上げる理由はここにある。

後述するように麻布は長年、思考力や表現力を養う教育を行ってきた。また、さまざまな活動を通じて生徒たちの判断力や主体性も育てている。思考力、判断力、表現力はリーダーにとって不可欠の資質であることは言うまでもない。そのうえで麻布は全国トップクラスの進学実績を誇る。二〇一七年の東大合格者は七八名（開成、筑波大学附属駒場、灘校に続く第四位）、一九五六年度以後、常に東大合格者数でベスト一〇入りを果たしているのは、唯一、麻布だけである。

実際、麻布は政界、経済界はじめいろいろな分野に有為な人材を輩出してきた。しかも、「反骨精神」をもった人が多いのが特徴だ。このことは、麻布がたどってきた道と関係しているように思われる。

『麻布学園の一〇〇年 第一巻 歴史』によると、創設者である江原素六《えばらそろく》は元幕臣で、維新ののち欧米視察団の一員としてアメリカの教育を学び、帰国後、静岡県・沼津の中学校で校長に就任した。同時期に、メソジスト教会の宣教師を通じてキリスト教の洗礼を受け、また、板垣退助を介して自由民権思想に出会った。一八九〇（明治二三）年の初の衆議院選挙では見事当選、亡くなるまで衆議院議員・貴族院議員を務めている。その江原が、麻布の前身であるメソジスト系の学校だった東洋英和学校の校長就任要請を受けたのは一八九三（明治二六）年のことだった。そのころキリスト教に対する圧迫が強まっており、欧化主義は退潮、教育の現場でもあからさまに「反キリスト教」が唱えられていた。大衆のなかには「アーメン君、売国奴」と呼ぶ者さえいた時代だった。生徒の数は減少につぐ減少で、経営難により教員も減らさざるを得ない。反キリスト教の空気に加えて、東洋英和が各種学校として位置づけられていたことも痛かった。各種学校は上級学校（旧制高校）への進学資格が得られないうえ、徴兵猶予《ゆうよ》といった特典もなく、東洋英和学校は実益の乏しい学校だったのだ。

江原はその再建を託されたのだった。

一八九五（明治二八）年、江原は「私立尋常中学東洋英和学校」を従来の東洋英和学校と同じ敷地内に設立、さらに同年、学校の名称を「麻布尋常中学校」に改めた。これによって、上級学校への進学資格を得、早々に第一高等学校（現在の東京大学）への推薦入学資格も獲得した。結果、わずか数年で四〇〇名を超えるまでに生徒は増加。ただし、一八九九（明治三二）年、政府は中学校での宗教教育を禁止し、やむなく江原はメソジスト教会との関係を断ち切ることを決断する。資金繰りは一気に悪化するが、それでも江原の人徳のなせる業か、各方面から寄付が集まり、何とか経営を維持した。

なお、各種学校の東洋英和学校（男子校）は麻布中学誕生後も存続したが、一九〇一年に閉校となった。同じく東洋英和を冠する学校に「東洋英和女学院」があるが、こちらはメソジスト教会が運営する別法人で、一八八四年に開設、現在では幼稚園から大学を擁するまでに発展している。

江原素六の遺徳

江原素六が亡くなったのは一九二二（大正一一）年のことで、間もなく没後一〇〇年を迎えようとしている。いまも江原の遺徳は麻布の教員、OB、生徒から偲《しの》ばれており、毎年一〇月になると江原の墓前に新入生（中学一年生）が手を合わせるのが恒例行事だ。こうやって「国家有為の人材育成を目指す」という江原の教育方針は受け継がれているのである。

ほんの少しだけだが、麻布からどんな人材が生み出されたのか見てみよう。

橋本龍太郎、福田康夫両元総理をはじめ、平沼赳夫《たけお》、与謝野《よさの》馨《かおる》など重鎮と呼ばれるまでになった政治家は数多い。財界だと、「財界の鞍馬天狗」とも呼ばれた中山素平《そへい》（経済同友会代表幹事）が有名で、西武鉄道を率いた堤義明《つつみよしあき》、セガの社長だった入交昭一郎《いりまじりしょういちろう》（灘校から転入）も麻布の卒業生である。学界だと、社会学の宮台真司《みやだいしんじ》（首都大学東京教授）、政治学の藤原帰一《きいち》（東京大学教授）などがメディアに出演する機会が多く、一般にもよく知られる存在だろう。ほかにも、作家の山口瞳《ひとみ》、吉行淳之介《よしゆきじゅんのすけ》、北杜夫《きたもりお》、俳優の小沢昭一《しょういち》、ジャズピアニストの山下洋輔《ようすけ》、脚本家の倉本聰《そう》などが麻布出身である。また、最近、政府に対して批判的な物言いをする現役・元官僚が増えてきた。彼らについては後世の評価を俟たなくてはいけない部分があるものの、そうした人たちのなかに麻布出身者が少なくないことも麻布の反骨精神の表れとして注目したい。

各界で活躍している麻布の卒業生は多く、挙げていけばきりがないが、いずれにしろ顔ぶれを見ていただければ、権威に屈せず「反骨精神」をもった人が多いことがわかる。それもそのはず、設立者である江原そのものが反骨精神に満ち、立身出世主義を忌避した人だったのである。江原は次のような言葉も残している。

「真理に従うことは貴賤上下の区別はない。生徒の抗議に従うという場合にはご威光にさわるか知らないが、真理に従うならば何の否むところはない。けれどもとかくどうも官の威光という事を余り尊びすぎる。真理に従う時は、存外易々《やすやす》といくものである」

教師であっても生徒の言うことが真理なら従うべき――。なかなか言えることではない。

成長を促す自由闊達さ

有為な人材が次々生み出された理由として、創立以来の「自由闊達」の校風を挙げることができるだろう。

麻布の「自由闊達さ」は時に「自由すぎる」と非難されることもあるが、「自由だからこそ得られる成長もある」（平《たいら》秀明校長）というのが麻布のスタンスである。また、それによって自主自律の精神も養われる、と学校は考えている。筆者が訪問した際の、校内に貼られた生徒が作った新聞には、学校に対する辛辣《しんらつ》な批判記事が満載だった。これなどまさに「自由闊達」「自主自律」の表れと言えよう。さらに、麻布はカリキュラムにも特徴があって、とにかく考えさせる、そして書かせる。オリジナルな授業が実に多い。近年は、それに独自の教養教育が加わり、厚みを増している。

以下、それぞれを詳しく見ていく。まずは自由闊達の校風である。

麻布には校則はない。中学入学の際に「硬いボールを中庭で使ってはいけない」とか「近くのお店で集団で騒いではいけない」など校内外での基本的なマナーについて教えることはあるが、明文化された規則のようなものは存在していない。もちろん、制服はなくみな私服である。髪を染めるのもOK。まさに、放任主義だ。もっとも、筆者の知る麻布の卒業生Kによると「自由には義務がつきものである、という意識は生徒の間でも強かった」そうである。教員から「あれをしろ、これをしてはダメだ」などと言われることはないため、羽を伸ばしすぎ、枠をはみ出す生徒もいるにはいるが、そんな場合でも学校の指導の基本は「自分で考えさせる」だ。校長が語るように、「六年間でしっかりとした自分の考えをもつ生徒に育ってほしいと思って」いるのだ。ガミガミ言わず、生徒が自ら反省するのをじっと待つのだという。「自分で律しなければいけない（自主自律）」という意識はこういうところから生まれるのかもしれない。

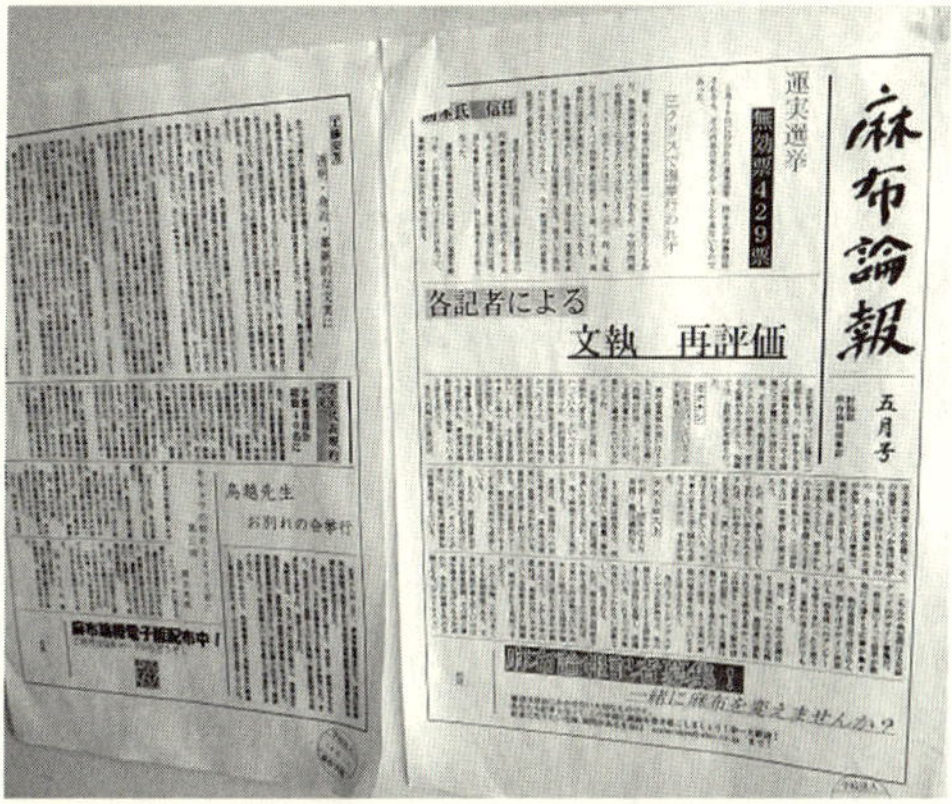

麻布を訪れると新聞が貼ってあった。学校を痛烈に批判するさまは麻布ならでは

　自由闊達、自主自律は名物である文化祭でも発揮される。かつては三万人もの来場者があったとも言われる麻布の文化祭（五月実施

が基本）だが、運動会（一〇月実施）が終了したのち、翌年度の文化祭実行委員長を決める選挙があり、委員長を中心に半年以上かけて練り上げていく。実行委員会は一〇以上の部局で構成され、テーマからはじまって出し物、メインの企画、運営の仕方等々をすべて実行委員会が決めていくのだが、まさに大学の学園祭実行委員会並みだ。七〇〇万～九〇〇万円もある予算も、すべて生徒が管理・配分するそうである。

前出のKはこう振り返る。

「私は選挙管理委員会の委員長をしていました。麻布には生徒会と呼ばれるものはありませんが、文化祭実行委員会や運動会実行委員会、サークル連合、予算委員会といった自治組織があって、すべて先生たちから独立し、生徒だけで運営しています。けっこう活発に活動していましたね。先生が関与しないだけに責任も強く感じていました。私も含めこうした活動に参加する人は、とくに『自由には義務が伴う』ことを実感していたように思います。その後に進んだ東大ではなく、麻布こそが私の母校だと強く感じるのも、何か自分の核になるようなものが麻布時代に作られたからかもしれません」

基礎をしっかり構築するカリキュラム

「99年後に誕生する予定のネコ型ロボット『ドラえもん』。この『ドラえもん』が優れた技術で作られていても、生物として認められることはありません。それはなぜですか。理由を答えなさい。」

解答用紙に選択肢はなく、記述式の問題である。見た瞬間、読者の多くは大学入試で出された問題だと思ったことだろう。しかし、これは二〇一三年に麻布中学の入試で出た問題なのだ。小学六年生に解かせるのか、とネットでも大いに話題になった。学習塾関係者の間では「麻布らしい問題だ」とおおむね好意的だったそうだが（「プレジデント・オンライン」二〇一三年三月一九日）、こうした考える力を問う問題を麻布は一九七〇年代から取り入れている。まさにいま議論されている大学入試改革の先駆けとも言えるものだが、入試だけではない、麻布は教育そのものがユニークなのである。たとえば、先に少し触れた「考える」と「書かせる」はこういう具合だ。

中学三年の国語では、三〜四人のグループによる文学作品の共同研究（「卒業共同論文」）が課せられる。麻布の国語科が主眼とする「表現力を養成する」という狙いに加え、「高校での主体的学習姿勢を形成する」目的をもっている。四〇〇字詰め原稿用紙で一〇〇枚以上、ほぼ一年をかけて論文を仕上げるというプログラムで、たとえば先述のKは四人の仲間と一緒に村上春樹の『世界の終りとハードボイルド・ワンダーランド』をテーマに書いたそうだ。課題図書のなかから選ぶ形で、Kのときには大岡昇平の『レイテ戦記』や野上弥生子の『迷路』などがあった。どれも中学生が読み込むにはかなり難解で長大な作品だが、ああでもない、こうでもないと、ときにはメンバーの家に泊まりこみ夜通し仲間と議論したのもよい思い出になっているとKは語る。自分なりに考え、それを文章にまとめた経験は確実に「思考力」「表現力」を高めることにつながったことだろう。

さらに、高校一年の社会科では、「基礎課程修了論文」（通称「修論」）を課している。地歴・公民分野からそれぞれ自由にテーマを選んで研究し、論文としてまとめるのだ。基礎課程修了と銘打っているのは、社会は高二から幅広い選択制を取り入れているためで、「全員必修の課程の集大成」の意味がこめられている。

参考までに、二〇〇〇年の修論のタイトルをあげてみよう（カッコ内は筆者の補足）。

・「ル・コルビュジエ論」（ル・コルビュジエは世界遺産である国立西洋美術館の設計者）
・「司法が変わる・司法よ変われ」（法科大学院の創設などを論じた、司法制度改革審議会意見書についての考察）

この年には、正史である「三国志」から物語としての「三国志演義」に変わっていくな

充実した図書館

かで、英雄たちの描かれ方がどのように変化したかをとりあげた力作もあった。このように過去の修論のタイトルを確認できるのは、優秀な作品は印刷物としてまとめられているからである。

麻布の学校説明会に参加すると校内を見学できる。その際、多くの保護者が立派な図書館（学園一〇〇周年を記念して建てられた）に驚かされる。その図書館に『論集』という冊子のコーナーがある。『論集』は一九八一年、多種多様な授業の成果や、授業内容から派生して独自にその関心を広げ、考察を進めた自由研究などを発表する場所として創刊された。ほぼ年に一回の発行で、「卒業共同論文」や「基礎課程修了論文」の優秀な作品がここに掲載される。筆者も手にとったが、その質の高さに圧倒された。

修論などは二万〜三万字ものボリュームがあり、大学生の卒業論文と見まがうくらいの充実ぶりなのだ。「これを、本当に高校一年生が書いたの?」と正直思ったものである。平校長はこう語る。

「自らの考えを、自ら発信する人になってほしいと思います」

『論集』を見る限り、自らの考えをしっかり発信しているとみて間違いない。後述の教養総合の模範とも言えよう。

麻布の教養教育

『論集』は麻布のリベラルアーツの結晶とも言えるものだが、リベラルアーツをさらに強化するプログラムが二〇〇七年に加わった。それが「教養総合」である。麻布のWEBサイトには、「高一・高二を対象に土曜日の二時間、教養総合の授業が実施されています。この授業は、既成のカリキュラムや学年の枠にとらわれずに行われます。生徒は、テーマ性の高い多様な授業群のなかから、それぞれ自分の関心にあった授業を、各学期ごとに選択します。教養総合は、自らの興味に即したテーマに取り組むことで、生徒の勉学への積極性や自発性を高めることをめざしています」とあった。平校長によると「世のなかに出たときの芽を育てるような授業」とのことだが、導入の背景には大学入試を取り巻く環境の変化もあったようだ。

たとえば、ペーパーテストを課さないAO入試の普及や試験科目の減少により理系への進学希望者が歴史を勉強しないといったケースも出てきた。逆に科学に対する知識に欠ける文系志望者も目立っている。これはよくない傾向であり問題の根は深い、と麻布の教師陣は危機感をもった。そこで、教員による委員会を立ち上げ、侃々諤々《かんかんがくがく》の議論がなされた。

そうして新たに導入されたのが「教養総合」だったのである。いまでは、麻布と言えば「教養総合」と言われるくらいの看板授業になっている。

メインとなる「リレー講座」では、二〇一七年度は次の八つが設けられた。

・日本を読む、日本を書く
・憲法と私
・海洋学入門
・現代医療について考える
・会計とは何か――会計情報の重要性とその危うさについて考える
・ゲムつく：ゲーム会社をつくろう
・雇われるんじゃない。仕事を創るんだ

まさに教科横断型だ。講座は全八回で、外部から講師を招き、オムニバス方式で実施されている。なかには議論を闘わせるものもあり、過去にあった「原子力利用と社会」という講座は国論を二分するくらいのテーマだけに、相当白熱したそうである。こうした議論を通じて、教養だけでなく思考力、表現力も強化されていく。

リレー講座以外にも「語学」「人文」「科学」「芸術」「スポーツ」の四つのジャンルがあり、こちらは教員が講師を務めたり、ＯＢの専門家を招いたりとさまざまだ。語学は大学の第二外国語のようなものをイメージすればいいだろう。中国語、ドイツ語、フランス語に加えアラビア語も勉強できる（過去にはラテン語の講座もあった）。人文には「政治学の古典を読む――マキアヴェリの政治哲学」といったテーマが見られるし、科学の「プログラミング入門演習」はいかにもいま風だが、「初等量子化学入門」「宇宙物理学入門」などはレベルの高さが想像できる。芸術の「アンサンブル特講」「彫刻／塑像《そぞう》――頭像をつくってみよう」などは、イートン校も顔負けではないか。スポーツも「バドミントン」ならストロークをコミュニケーションから考えさせる、といった凝りようである。

「私たちの教育方針は、勉強も大いにさせていますが、考えさせる教育も大切。あらゆる機会をとらえて、それを行ってきました。レベルの高い大学に進学することは、子どもたちにとっては重要、しかし、大学の先、すなわち世のなかに出たとき力を発揮できるようにならなければ意味がない。そういう意味からも、直接、大学入試に役立たないことも疎かにしてはいけない、と私は考えています」と平校長は語った。

知恵を出し合う教育システム

次に、麻布の教員組織について見ていくことにしよう。

「卒業共同論文」や「基礎課程修了論文」、それに「教養総合」——いずれも、なかなか他の学校には見られない思い切った取り組みである。それができるのも、教員組織が自由闊達であり、しっかり議論できる風土にあるからだろう。「教養総合に見るように、当校は校長がトップダウンで決めて変化する学校ではありません。教員全員が知恵を出し合って進んでいく、意思により動かされていく。それが特徴でもあります」と平校長。

平校長によると「麻布の教育は二つの車輪で回っている」という。すなわち、教科会と学年会で、教科会では週に一度、カリキュラムや授業の進め方について話し合う。一方、学年会はすべての正・副担任で構成（一クラスに正と副の二人の担任がいる）、生徒の生活上のことを中心に話し合っている。こちらも週に一度の開催である。平校長は数学の教師だが、数学科では年度末に一泊二日で翌年度の方針や計画を話し合うそうだ。計画（Plan）したうえで実行（Do）し、実施したものを評価（Check）、次の計画のために改善（Act）するというPDCAサイクルがうまく働いているという。PDCAサイクルとは、業務プロセスの管理手法のひとつだが、上記四段階の活動を繰り返すことで教育内容を改善していくのだ。

そのうえで教員個々人の裁量も実に大きい。多くの教科がオリジナルの教材を使用する。もちろん、そのオリジナルの教材や、独自の授業の進め方がどのくらい効果を上げたかは、教科会の俎上に載るので手は抜けない。ここでも「自由には責任が伴う」が貫かれている。

なお、団塊の世代の教員が退職し、若手教員が増えた結果、英語教育への考え方がフレッシュになってきたそうだ。コミュニケーションに軸足を置いた英語教育にシフトしているという。外部の講習会に参加したり、イギリスに一か月研修に行ったり、教員の姿勢は積極的かつ前向きで、学びを教育に活かそうという雰囲気がある。もちろん、うまくいかないことも多いだろうが、試行錯誤の結果、麻布独自の英語教育が確立されつつある。ついでながら、麻布は国際交流にも積極的で、カナダ、中国、韓国の提携校と生徒の相互訪問を行っている。また、二〇一四年の夏休みには英語科の発案で、福島県天栄《てんえい》村にある「ブリティッシュヒルズ」という中世のイギリスを再現した「街」で、中学三年の有志が研修を行った。二泊三日で八〇名が参加している。

「国際交流は、人間としての幅を広げることができます。参加した生徒には大いに刺激を受け、将来は地球規模、全人類規模で活躍できる人材になってほしい。そして、心身ともに健康で、思いやりのあるリーダーを目指してほしいと思います」

取材に応じてくれた平秀明校長（左から２人め）ら

そのように話す平校長だが、実は「人間として可塑性に富んだ年齢の子どもたちのなかに善悪への判断力や人としてのあるべき姿勢を育てる一方で、学校では活き活きと過ごしてもらうこと」が一番の目標であり、誰もがリーダーになってほしいというわけではないそうだ。

「教科以外の学び、たとえば友情や、卑怯《ひきょう》なことをしないとか、クラブなどで同じ目的に向かって頑張ることも重要で、そういったところで成長していってもらいたい。これまでの麻布はそうでしたし、これからもそうであり続けます」（平校長）

もっとも、伸び伸びとした生徒を育てるには学校側だけではなく、社会や地元住民の支援も必要だ。麻布は地元に密着した学校であり、かつまた、自由を標榜する学校なので、先述したように羽目を外し、地元住民に迷惑をかけることもある。昔なら、その場にいた大人が「こんなことしちゃいけないじゃないか」と注意したものだったが、いまは直接生徒には注意せず、学校に批判の矛先が向くのだという。真のリーダーを育てるのは学校だけではない、社会や地域の協力も必要だ。われわれの意識も高くなければならない。民度の高さが、国を高めていく。

「いままでの日本の教育は、国家社会のために役立つ有益な人間を育てるための教育でした。しかし、これからは国家の枠にとらわれないで人類社会のために貢献する人材を育てたい」という平校長の言葉に、日本の明るい未来を見る思いがした。

【コラム2】コレージュ・ボーソレイユ　スイスのボーディング・スクール

コレージュ・ボーソレイユの基本情報

・所在地はスイスのヴィラール・シュル・オロン
・全寮制の共学校
・生徒数　二二四名（男女共学）、デイスクール生は一五名
・設立年　一九一〇年
・学費　九万九九五〇スイスフラン（食費、寮費を含む）、その他費用一万九三五〇スイスフラン、修学旅行費用六〇〇〇スイスフラン
・その他の特徴　教員は六〇名（アメリカ人、イギリス人、スペイン人、アイルランド人、コロンビア人、ロシア人、日本人、中国人）。公用語はフランス語と英語。校長は女性で、フランセス・キング（イギリスで有名な女子校のローディーンの元校長。副校長もイギリス人でザ・ナインのチャーターハウス校の教員であった）

寄宿制の学校は、もちろんイギリス以外にもある。取り上げるのはスイスにある「コレージュ・ボーソレイユ（Beau Soleil College Alpin International）」。同校は、イン

コレージュ・ボーソレイユの校舎

ターナショナル・スクールの名門として知られる。

　レマン湖北に位置する都市・ローザンヌは、国際オリンピック委員会の本部があることで有名だ。若手バレリーナの登竜門「ローザンヌ国際バレエコンクール」の名前を聞いたことのある人もいるだろう。そのローザンヌのターミナル駅から汽車に揺られて三〇分、エーグルという駅で乗り換えてさらにバスで同じく約三〇分。とても対向車など行き交えない狭い道を登りきったところ、まさにアルプス山脈の真っただなかにコレージュ・ボーソレイユはある。周囲はヨーロッパでも有数のリゾート地で、夏は避暑、冬はスキーを楽しむ人たちでにぎわう場所である。

　コレージュ・ボーソレイユの設立は一九一〇年で、一一歳から一八歳までの約二三〇名が学ぶ。ほとんどの生徒が二つある寮で生活を送る。もともとはメイヤー家が三代にわたって経営していたが、二〇一〇年にイギリスの教育企業「ノードアングリア」に経営権が移り、現在は、イギリスで有名な女子校の校長だった女性が校長を務めている。副校長もイギリス人でチャーターハウス校の教員だった。ちなみに、「ボーソレイユ」とは、「美しい太陽」という意味である。

この学校の一番の特長は何と言っても、世界中から生徒が集まる点だ。その数、約五〇か国にのぼる。多くは大企業のオーナーや、多国籍企業の重役、ロイヤルファミリー、政治家の子息なのだが、なぜ各国のセレブたちはコレージュ・ボーソレイユを選ぶのだろうか。その理由は、ずばり「安全性が高い」からである。意外かもしれないが、山の環境は比較的安全で、王族や政治家の子ども、事情があって特別な警護を必要とする子どもなどでも安全に過ごすことができるのである。まず、地元の人間以外の大人だと目立つので近づきにくい。また、外界の誘惑も少なく、子どもが危険な場所に近づく恐れも少ない（隔離生活に飽き、週末にはヘリで下界に降りていく子どももいるそうだから、残念ながら親の意図とは必ずしも合致しない場合もある）。ボディーガードなしで、子どもは子どもらしく伸び伸びと過ごすことが可能なのだ。「そういった当たり前の行動が重要だ」と同校の関係者は強調する。

加えて、少人数教育も魅力となっている。約二三〇人の生徒に対して、教員は六〇名。教師一名に対し、生徒はおよそ四人である。本書で取り上げたイギリスのパブリ

学校はアルプスの絶景が望める高台に位置する

ック・スクール四校ではクラスサイズは最大二四人、高等教育進学準備教育課程であるシックスフォームでも一五人が最大となっているので、その点でも魅力的な大きさだ。行き届いた教育になるのは言うまでもない。教師の国籍も多彩で、アメリカ人、イギリス人、スペイン人などに加え、コロンビア人、中国人、そして日本人もいる。

一一歳から一三歳までがジュニアスクール、一四歳から一六歳はミドルスクール、一七歳と一八歳はシニアスクールという具合に三つに分かれて学ぶ。そのうえで、フランス語がメインのコースと英語がメインの二つに分かれ、どちらも主にバカロレア資格取得に向けた授業が行われる。

入試はあるが学力は重視しない。学力はそれほどなくても、秀でるものがあれば、受け入れの可能性があるというスタンスだ。その生徒をサポートすることができると判断した場合、入学許可がおりるのだという。仮に学力に問題があっても、補習授業を実施するなどの対応を行う。学習支援は徹底しており、一日、先生が一人の生徒に付き添うということもあるそうだ。そうしたところも、保護者たちには魅力的なのだろう。

実は、筆者はコレージュ・ボーソレイユを訪問する前日、コレージュ・デュ・レマンを見学した。ネスレなどの大企業や国連などの機関の子息も通うヨーロッパでは有名な寄宿学校で、もちろん優れた教育を行っているが、「オールドマネー（上流階級の家族の代々相続されてきた財産）」を有する人ほど子息をボーソレイユに入学させるという。一方、成功した起業家も、ボーソレイユを目指す。それは、「環境こそが人間を育て、自立を促し、個性を伸ばすことを彼らはよく知っているからだろう」（ボーソレイユ教務部長）。子どもたちの個性を尊重する教育が彼らにとっては重要なのだ。たとえば、こんな具合に。

家族がホテルチェーンを経営していて、本人もホテル業界に興味をもっている。勉強もよくできてオックスフォード大学を目指してもおかしくない。しかし、ボーソレイユはジュネーブのホテルスクールへの進学をアドバイスする。なぜなら、オックスフォードではビジネス研修はしてくれないからだ。オックスフォードやケンブリッジ、アイビーリーグへの進学とは異なる成功を目指す学校が、ボーソレイユなのである。

第五章　ファミリー・スピリット——ハロウ校とラ・サール

体系的に知を獲得するという点において共通するイートン校と灘校、権威に屈しない人間を育てる点に特徴のあるラグビー校と麻布について語ってきたが、ハロウ校とラ・サールは、ともに「ファミリー・スピリット」を形成している点で共通する。

イートン校と同様、ハロウ校も全寮制だが、イートン校では個々の生徒の生活が優先されるのに対し、ハロウ校ではむしろ共同で生活することで生まれる、ハウスを愛する心やともに生活する人々への友情、感謝などに重きが置かれているところに大きな特徴がある。

ラ・サールも、近年増えたとは言うものの、日本の学校では珍しく寮が備えられており、高三を除く希望者全員が入寮する。寮の目的は、学年を超えた結びつきを強めるとともに、規則正しい生活と学習習慣を身につける点にある。本文で詳しく述べるが薩摩伝統の「郷中《ごじゅう》教育」の実践の場だとも言われている。

寮生活や学校行事の運営が、人間関係や他者への思いやり、リーダーシップの育成につながっている点でも両校は非常に似通っている。まさにファミリー・スピリットがリーダーを生み出す源泉となっていると言えるだろう。

一方、大学入試の違いもあるのだろうか、ハロウ校では生徒がしたい勉強を学校が徹底してサポートする体制、個性重視であるのに対して、ラ・サールではテストなどを通じて学力の向上が図られているところが異なる。もっとも、これはどちらもリーダーに必須である「知・徳・体」のうちの知を磨いていると言える。単純に受験実績云々などではなく、社会にとって有意な人材を生み出すという強烈な意思がそこにはある。方法は違えど、この意思も両校に共通している部分かもしれない。

ハロウ校　生徒の幸せを最重視

ハロウ校の基本情報

・所在地はロンドン郊外
・全寮制の男子校
・生徒数　約八二〇名（一学年約一六〇名）
・設立年　一五七二年
・学費　一万二八五〇ポンド（一学期あたり、三学期制）
・その他の特徴　制服はネイビーのブレザーとズボン、ネクタイが黒。「ハロウハット」と呼ばれる浅い麦わら帽を被るので有名。日曜の礼拝や学校行事では独特の燕尾服を着用する

紳士の育成を目指した学校

ハロウ校の設立はザ・ナインのなかでは二番目に新しい。しかし、パブリック・スクールと言えば「イートンかハロウ」と言われるくらい、その存在は桁はずれに大きい。なぜ、ハロウ校は名門中の名門と呼ばれるのだろう。どこが世の親たちを魅了するのか。

ハロウ校の校舎

ロンドンの中心から北北西にある小高い丘の上にハロウ校の緑豊かなキャンパスは広がる。チャペルの尖塔はキャンパスのシンボル的な存在だ。校舎や寮（ハウス）以外にも、教会のような図書館、レンガ造りの博物館、農場などがある。人気映画「ハリー・ポッター」シリーズでは、趣きある校舎群のなかでも最も古い教室が、魔法学校の教室のロケ場所として使われた。

ザ・ナインのなかでは二番目に新しいと言っても、設立は四五〇年近くも前の一五七二年にさかのぼる。キャンパスにはそこかしこに中世の雰囲気が残っており、ロンドンから近く、映画の影響もあって世界中から観光客が訪れるのもよく

ハロウ校の生徒たち。「ハロウハット」という独特の浅い麦わら帽が特徴

わかる。

ハロウ校の創設者はジョン・ライオン（John Lyon）である。ライオンが、女王エリザベス一世から設立勅許状を受けたのが一五七二年だった。ただし、正確に言うと歴史はもっと古く、丘の上（Harrow-on-the-Hill）の個人宅を宿舎として教育を行っていた学校をライオンが買い取り、それがハロウ校へとつながっていった。その学校の設立は一三二四年というから、いまから七〇〇年近くも前である。日本だと鎌倉時代の末期だ。ハロウ校の名称も、「Harrow-on-the-Hill」に由来する。

ともあれ、ライオンは買い取った学校の施設を使ってグラマー・スクールを開いた。また、これが今日まで続く寄宿制の始まりとなった。

ライオンはヨーマン（yeoman）である。ヨーマンとはこの時代、国王または貴族の従者で、士官と馬丁の中間に位置する者に与えられた称号だが、実際には土地を耕作し、農場を経営しながら、財をなした人物だった（ヨーマンは、時代が進むと自由土地保有者である小地主や自営農民のことを指すようになっていく）。心から国や故郷を愛し、教育によって国を興すことを考えていた人物だったようで、自らの資産を基金とし、近隣の少年たちに奨学金を与え教育を施していった。まさに、慈善事業家だった。

そのライオンはハロウ校創設に当たって、次のような構想を抱く。

①学校を維持できる財産を有する独立自治の学校
②教区内だけでなく、教区外の入学も認める、地域に縛られず希望者が入学できる学校
③高い学位と信頼のある校長や教員を招き、彼らへの報酬も高いものとする
④教区内の少年たちの授業料は無料であるフリー・スクールとする
⑤能力が高く希望する卒業生は、特別奨学生としてケンブリッジとオックスフォードの両大学に進学させる

第一章でも触れたように、この時代の学校にはさまざまな入学制限が加えられていた。教区外の入学を許可しないのは当然の措置で、②「地域に縛られず希望者が入学できる学校」は画期的だったと言えよう。また、④「授業料は無料」については、現在ではかけ離れてきてはいるが、ライオン自身は純粋に少年たちが優れた教育により成長していくことを願っていたようである。ちなみに、ここにある「フリー」という言葉には、「外部圧力からの自由」「入学を希望するものであれば誰にでも門戸を開くという意味での自由」「授業料免除という意味での自由」という三つの意味が含まれている。

残念ながら、ライオンが当初目指した「教区の少年たちに無料で教育を施す学校」は彼の生前には実現しなかった。ハロウ校が最初の無料の入学者四〇名を受け入れたのは一六一五年のことで、ライオンが亡くなって二〇年以上が経っていた（ライオンの死去は一五九二年）。しかし、それから数十年でハロウ校はパブリック・スクールを代表する学校になる。結果、入学する生徒も大幅に増加していき、一八〇〇年までに生徒数は全学年合わせて三五〇名ほどになった。その間、首相も四人輩出している。さらに、ヴィクトリア女王の治世（在位は一八三七〜一九〇一年）の終わりまでに生徒数は六五〇人にまで増加した。その陰には、チャールズ・ヴォーンやH・M・バトラーといった名校長たちの、「ヴィクトリア時代のジェントルマン教育」を広範囲にわたって発展させるという功績があった。

チャールズ・ヴォーンは、ハロウ校で優れた教育改革を実践した校長で、①優れた教師陣の養成、②学級編成方法の改善、③教育施設の充実、④地域との連携、を進めていった。また、H・M・バトラーはヴォーンの後を二五歳で引き継いだ校長で、二六年間ハロウ校に勤務し、後にケンブリッジ大学の学長となった。

なお、ジョン・ライオンとともに、ギルバート・ゲラードという人物もエリザベス一世からの勅許状を得るための支援をし、金銭的な援助もライオンに行っている。ゲラードは、当時法務長官で法律家でもあった人物である。志を同じくする者が、より高い目的に向かって進んだ結果、現在のハロウ校が生まれたといって間違いないだろう。

三割の卒業生がギャップ・イヤーを取得

現在のハロウ校の生徒数は五学年あわせて約八二〇名、一学年は一六〇名前後である。進学率は九九％にのぼり、進学先の多くは有名大学だ。

オックス・ブリッジに進学する卒業生の割合は例年一五％ほど（約二〇名）で、二〇一四年には二二名がオックス・ブリッジに進んだ。また、この年は一五名が同じ英語圏であるアメリカのトップ大学（プリンストン大学、ペンシルバニア大学、コロンビア大学、カリフォルニア大学バークレー校）に進学した。分野別に見れば三五％が人文・社会科学系で、三

ジム・ホーキンズ校長

〇%が科学・工学系、一五%が法学、四%が歯学・薬学・獣医学だった。芸術・デザインに進んだ学生も五%おり、一%が演劇・音楽の道を選んでいる。

このようにイギリスでも有数の進学校であるが、ハロウ校ももちろん、単に名門大学に入ることを教育の目標とはしていない。

「成績だけではなく、その先の長い人生においても、彼らに幸せな人間になってもらいたいのです。高い理想ほど、時間が長くかかるのですよ」

同校のジム・ホーキンズ校長はこのように語る。

実際、ハロウ校は課外活動やクラブ活動など勉強以外のことを推奨する。単に成績がよい生徒よりも、勉強以外の活動にも取り組む人間を高く評価するというのだ。

そういった校風があるからだろう、ハロウ校の卒業生の多くが大学に願い出て入学前に長期の休暇＝ギャップ・イヤーを取得する。その数は卒業生の三割に達するそうである。一定期間、いままでとは別のことに取り組むのがギャップ・イヤーで、たとえばハロウ校の卒業生のなかには地雷撤去に関連する奉仕活動やアフリカの学校で英語の授業を行った者がいる。オーストラリアでのサーフィン研修を受けるといったケースもあった。もちろん、大学の学費を稼ぐためのアルバイトに勤《いそ》しむ卒業生も多い。どちらもイートン校の卒業生だが、王室のウィリアム王子やヘンリー王子もギャップ・イヤーを取得した。同じくイートン校ＯＢのデヴィッド・キャメロン前首相はギャップ・イヤーを使って日本を訪問している。

ハロウ校から離れるが、少しだけギャップ・イヤーについて触れておきたい。

ギャップ・イヤー支援団体のギャップ・イヤーコム（Gapyear.com）代表のトム・グリフィスに筆者が聞いたところによると、目に見える成果ではなく、将来的な個人の成長につながるものが、正しいギャップ・イヤーの使い方だそうだ。たとえば、若者に「中国に行き孤児たちに英語を教えること」と、「タイのビーチでのんびり過ごすこと」のどちらがよいかを尋ねると、たいていは前者をよいギャップ・イヤーの使い方だと考える。が、実は「それだけだと、ギャップ・イヤーとしての焦点がずれている」という。どういうことか。「すべて自力でタイのビーチに辿《たど》り着いたのであれば、両親に金を出してもらって中国で決められた仕事をするよりも、はるかに素晴らしいと言えます」。何をするかではなく、そこから自己成長につながる何を得たかが問われる、というのである。

ギャップ・イヤーは、一七世紀から一九世紀にかけてのイギリス貴族の子弟が行ったグランド・ツアーに由来するとされる（若手の職人が、「包丁一本晒《さらし》に巻いて……」風に国々を渡り歩き、武者修行をしたことが起源という説もある）。文化的後進国であったイギリスからヨーロッパ大陸にわたり、建築様式、文化様式、芸術を学びながら、ヨーロッパ大陸の貴族とのネットワークを構築するのが目的だった。時代が下っていまは、自ら取り組む「長期にわたる活動」のための期間をギャップ・イヤーと呼ぶようになった。大学入学前に取得するケースが多いものの、人生のどの時期に取るかは問われない。重要なのは、自己実現のための糧となるならばどのような形であってもよいという点である。ギャップ・イヤーを通じて、いままでの自分を振り返り、自分の将来や人生と真剣に向き合う。じっくりと自分の人生を「醸成」していく時間をもつことが大切なのである。

若者の成長にとって真に必要なものを探し求めた結果生み出された、単なる休暇ではないギャップ・イヤーは、非常に優れた社会的制度だと筆者は考えている。そして、ホーキンズ校長の話からは、ハロウ校の卒業生はギャップ・イヤーで大学に入学する前の期間を有意義に過ごしているケースが多いように感じた。このことは注目に値するだろう。日本でも、東大が秋入学を検討したのを機に、ギャップ・イヤーに世のなかの関心が向けられるようになったのは歓迎すべきことだ。あとは、くれぐれもその本質を見誤らないことである。

ミッションは全人格的な素養の発展

一九世紀に入り、ジェントルマン教育と、パブリック・スクールの教育理念が結びつく。ここで、ハロウ校の入学要項に書かれた「ミッション」を見てみよう。

- 少年の全人格的な素養を身につけさせること
- 真実の探求、誠実さと他人への尊敬を教えること
- 機会の平等を与えること
- 自己のプライバシーの権利の尊重と同時に、他人のプライバシーの権利と所有権を尊重する意識を育むこと
- 自分自身／他人／環境への責任感を育成すること
- リーダーシップを育て、奉仕の精神とチームワーク力を伸ばすこと

・健康的な生活スタイルを推進し、喫煙、ドラッグ、アルコール問題や、性や他人との関係の問題解決に向けて支援すること

もちろん、ミッションも時代によって少しずつ変化する。しかしながら、基本となる部分はほぼ変わっていない。すなわち、ジェントルマンが理想像だった一九世紀においても、また、現代においても、パブリック・スクールの教育こそが人間としての土台を作り出す教育だったのだ。また、この土台を作ったのが、前述したチャールズ・ヴォーンやH・M・バトラー校長であった。結果、上流階級と中流階級の上層がロンドンから通える場所に土地と邸宅を購入し、こぞって子弟をパブリック・スクールに通わせるようになったのである。

また、ジェントルマンとは身分的な要素以外に、次のような資質をもつ人とされていた。

・自己管理ができ道徳的資質を有する人間
・勇敢、率直、高潔で、君主と国家に忠誠を尽くし、友人に対して忠実で、約束を必ず守り、生まれながらに指導者の資質のある人間
・弱者には優しく、他人の必要を優先させ、競技で負けても悪びれず、自慢話もせず、

金銭勘定に興味がない人間

この点でも、ハロウ校の教育方針は上流階級と中流階級の上層の求めにかなっていた。

現在のハロウ校は、大学進学とその後のキャリアを見据えた教育を実施することも重視しているが、それ以上に人間としての土台づくりに力を入れている。主知主義一辺倒ではなく、高潔な精神を育む教育——そのため学力が高い生徒でも、コミュニケーションスキルやチームをまとめていくスキルがあまりなかったり、社会に貢献する能力をもち合わせていない生徒の評価は低い。試験では評価できない、あるいは評価が困難な価値を教育のなかで育もうとしている。

多士済々な人材を生み出す源泉

ハロウ校のメンバーはハロヴィアン（Harrovians）と呼ばれ、数え切れないほどの名士がハロヴィアンに名を連ねる。首相をはじめとした政治家、事務次官や外交官などの高級官僚、陸・海・空軍高級士官、さらに王族、聖職者、作家などである。彼らはいわゆる「伝統的な卒業生」であり、ハロウ校はいまも昔も、こうした社会を牽引していく側の人間を育てるという使命を担っている。

伝統的な卒業生のなかには、次のような人々がいる。スペンサー伯爵一族、ロスチャイルド一族、ピール卿やパーマストン子爵、ウィンストン・チャーチル、ジャワハルラール・ネルーといった政治家。ケント公、イラク国王、ヨルダン王子、タイ王子といった王族。文化人だと詩人のバイロンやリチャード・シェリダン、アントニー・トロロープやウィリアム・イェーツといった作家、第七代シャフツベリー伯であり影響力のあった社会改良運動家のアンソニー・アシュリー＝クーパーといった人物がいた。学術においても名をなした人物は多く、ノーベル賞を受賞した物理学者のレーリー卿、写真を発明したフォックス・タルボット、考古学者のアーサー・エヴァンズ、探検家のジェイムズ・ブルース、言語学の父であるウィリアム・ジョーンズ卿といった面々が並ぶ。

異色の卒業生としては俳優のベネディクト・カンバーバッチや「ユア・ビューティフル」が大ヒットした歌手のジェイムズ・ブラントが挙げられよう。カンバーバッチは両親ともに役者であったが、両親はできることならば彼に役者ではない道を見つけるようにと、最高の教育を与えるためにハロウ校に入れたそうだ。しかし、親の意に反し演劇の道に進み、成功を収めたのだった。

実業界では、世界一有名なダイヤモンド会社デビアス（DeBeers）社の会長ニコラス・

オッペンハイマーや、イギリスの大手ファストフードチェーンのプレタ・マンジェの創立者のジュリアン・メトカルフェらが卒業している。オッペンハイマーはドイツのユダヤ系商人の息子で、イギリスで教育を受けた。ハロウ校を経てオックスフォード大学のクライストチャーチ・カレッジを卒業している。

では、このようにハロウ校が社会的なリーダーをはじめ多彩な人材を生み出している秘密はどこにあるのだろう。筆者は、その源泉はハロウ校が考える「学校の責務」(校務)にあると考えている。ホーキンズ校長は、「ハロウ校の存在意義は、生徒に人生の準備をさせることにある」と語っている。それぞれの生徒が人生のスタートラインにつく前＝社会に出る前に、①人生の学習、②リーダーシップ、③奉仕の精神、④個人の充足、の四つを準備させることが校務である、と考えている。

人が学び、生き、働くのは何のためか――。極めて哲学的な問いかけだが、ホーキンズ校長は「すべては個としての充足や幸福を得るためである」とし、そのうえで学校での学びは①、②、③を体験することで、④に至ると考えている。そして、生徒自身にやりたい何かを見出させ、その何かを全うした成果がその生徒にとって最高の産物であり、金銭に代えがたいものである、というのである。

「人が生き、学び、働くのは何のためか」という問いかけに、「個としての充足や幸福を得るため」と言い切れるところに清々しさを感じるが、みなさんはどのように思われるだろう。いまの日本に同様の言葉を確固たる信念として語り伝えられる教育者がどれほどいるだろうか。

いずれにしろ、イギリスの親たちは、これらの言葉＝教育姿勢に心を動かされ、ハロウ校に子息を入学させることを希望するのである。それでは、もう少し詳しくハロウ校の校務を見ていこう。

スーパーカリキュラム学習

第一の「人生の学習」が意味するものは何か。ホーキンズ校長は、「これはある意味、非常に反体制的で、教育がもつ潜在的な問題への挑戦でもある」と語る。潜在的な問題とは、教育の目的そのものが、単に大学入学や、高給な職業へのアクセスを得るためのものになっていることを指す。成績を評価することが、「金を生み出し蓄積するだけのものになっている」と言い換えることもできるだろう。もちろん、ホーキンズ校長も富を得、豊かになることは重要であるとするが、その一方で、生徒自身がやりたいと思うことを学ばせ、自分自身のために望ましい学習を通して得た結果こそが「最高の成績」なのだ。よって、ハロウ校の教育方法は単なる知識の集合体ではない。もっと知りたいという「探求方法」を生徒に教え、それを育むことを目指している。

人生の学習には、批判的な考え方ができることも重要だ。物事を多面的に眺め、批判的な思考ができ、また論ずることのできる若者は、時として反体制的と捉えられることもあるだろう。それでも、自由な批判や議論が許される社会こそ民主的な社会であり、かつまた、それら正当な批判を受けて議論を進めるなかでこそ社会は向上していくのではなかろうか。

その具体的な教育実践の手法が「スーパーカリキュラム学習」である。これは一言で言えば極めて優れた「教養教育」だ。生徒たちの動機づけにつながる膨大な量のプログラムを学校が用意し、教え方を心得た教員も揃っている。

たとえば、毎週、優れた学者や政治家、産業界のリーダーといった世のなかの先端にいる人々、物事を深く考え見通そうとしている人々を招いて話をしてもらう。この際、イギリスの伝統である議会スタイル（与党と野党が向かい合って議論するやり方）のディスカッションを実施する。討論が最も重要視されるのである。と同時に、作文やプレゼンテーション、スピーチ力を鍛えていく。

内容も高度で大学レベルだ。プログラムのなかには、哲学史や古典文学をもとにした歴史、量子力学、高度なコンピュータ・コーディングなどもある。また、文学では悲劇を学んだりする。どれも、大学進学とは直接の関係はない。しかし、こうしたプログラムを通じて、生涯にわたる学習者を生み出そうとしているのである。

哲学史や古典文学をもとにした歴史、または文学での悲劇を学ばせる理由は、卒業後にどの分野・領域に進もうとも、これらを通して人間の基本的習性を学び、人間が繰り返し犯す過ち、人間としてあるべき姿などを認識することにつながるからである。「教養教育を学ぶことで、問題解決の糸口や方法を見出しやすくなる」とホーキンズ校長は説明してくれた。

他にも、生徒の日ごろの成果を発表する場も極めて多い。たとえば音楽に関する行事は年間で大小合わせて八十回以上のコンサートが開かれる。コンサートは公開され、保護者だけでなく地元の人々も訪れる。生徒の志気も高まるというものだ。

リーダーの育成は課外活動を通じて

ハロウ校の責務の第二は、リーダーシップの育成である。生徒たちはみながみな首相や社長などになるわけではないが、ハロウ校ではそれぞれが進む領域においてリーダーになることが望まれている。リーダーシップ教育は、課外活動や軍事訓練（CCF：Combined Cadet Force と呼ばれるもので、陸・海・空三軍の士官候補生としての軍事訓練）を通じても行っている。スポーツや音楽、演劇、チャリティー活動などがその中心で、なかでもスポーツはゲームと呼ばれる団体スポーツがさかんだ。

ハロウ校ではラグビーやクリケット、サッカーがとくに人気で、インタビューで訪問した日（二〇一四年一一月）の夕方には、二二もの校内ラグビーチームが対戦していた。同じ日、いくつかのサッカーチームも試合することになっており、水泳、スカッシュ、柔道（格闘技は柔道のみ）など個人競技も含め、ほぼすべての生徒がさまざまなスポーツで汗を流していた。

これほどまでスポーツがさかんなのは、学校が推奨しているからである。パブリック・スクールでは一般的に、週の半数以上、午後にスポーツの時間を設けている。リーダーたるもの健全な身体と精神の両方が欠かせない。加えて、スポーツでは仲間との信頼関係が不可欠だ。キャプテンともなれば、みんなをひとつにまとめ上げなくてはいけない。キャプテンでなくても、仲間と力を合わせることの重要性を自然と学んでいくわけだ。さらに、自分の限界もわかり、支え合うようになるのだという。スポーツも三〇種類近くのなかから選択でき、チーム編成が能力別や目的別なので体力や運動神経に恵まれていない生徒でも劣等感を感じずに楽しめるスポーツが必ず見つけられるようになっている。パブリック・スクールを、リーダーに相応しい資質である「たくましさ、沈着、冷静、苦痛と危険を前にして自若《じじゃく》（落ち着き）をたもつこと、そして自分の下した決定に自信をもつこと」を養成する機関とするなら、まさにスポーツはそれらを育む最適の活動だと言って間違いない。こうした課外活動とは別に、ハロウ校にはスポーツ・リーダーシップ・プログラムも設けられている。

ハロウ校のホーキンズ校長もスポーツに励んだ一人である。オックスフォード大学ではボート部に所属し懸命にエイトを漕いだそうだ。スポーツでの体験は「人生の根っこの部分を構成している」と語った。

「スポーツを通じて、自分の力がどこまで通用するかを学びました。実際にやってみて、いかに大変かを知ることも、教育にとっては極めて大切だと思います」

リーダー育成に資する課外活動では、演劇も見逃せない。

寄宿制のハロウ校には、ハウス（ボーディングハウス）が一二あり、各ハウスでは二年に一度、専門家の演出による劇を開催している。また、新入生は入学すると全員新入生だけで演じるハウスごとのドラマに参加する。演劇部以外の生徒でも在校中に二度ないし三度は、劇に参加する機会を得る計算だ。演劇は、生徒に自信をもたせるのにとてもいい経験だという。シャイな少年でも、台詞を覚え、観衆の前で演じることで物怖《ものお》じしなくなるなどメリットは大きい。また、演劇では、人前でしゃべったり、詩を読んだり、仲間や人々の前で演説したり、自分とは異なる性別や信条をもつ人物になりきるといったロールプレイの側面もあり、そういったパフォーマンスも、すべてリーダーシップに関係することは言うまでもない。言葉や態度によって、人を引きつけることにつながるからである。

チャリティー活動はどうか。ハロウ校の生徒（とくに上級生）は地区の公立学校に出かけて教養科目の授業をしたり、年下の子どもたちにラテン語やさまざまなスポーツを教えたりしている。こうしたチャリティー（日本では一般にボランティアと呼ばれる）は学校も積極的に支援しているが、それはハロウ校のモットーとも深く関係している。すなわち、“*Donorum Dei Dispensatio Fidelis* (The Faithful dispensation of the gifts of God)”「才能への真摯な執事たれ」——すべて高い地位を継承する者は、その地位がすでにそこにあったもので、自分はたまたまそこにやって来て、その高い地位の影響を被ろうとしている、それを認識する必要性を説いている。要するに、謙虚であることを促しているわけだ。これは第三章で取り上げた灘校の和田校長の最後の言葉にも通じる。

われわれの才能は神から与えられている。その才能を賢く使う義務がある——実際、ハロウ校の卒業生には慈善活動家が多い。

「慈善的な経験を積むことで、地域、国家、国際政治の理解も深まります。世界で起こ

る問題や、それにどのように取り組むかといったことも学んでいくのです」（ホーキンズ校長）

グローバルな視点は、こうした体験によって自然と磨かれていく。

知・徳・体の成長をサポートするパストラル・ケア

ここで、パストラル・ケアについても触れておこう。ハロウ校の一二のハウスではパストラル・ケアに力が入れられている。

パストラル・ケアとは、もともとパスター（pastor＝羊飼い）が羊の世話をするように人々をケアするところから来た言葉で、信徒が信仰に迷わないように、精神面・行動面でのケアをすることを意味する。医療の現場などでも取り入れられ、患者やその家族の心のケアを専門にする臨床パストラル・ケアも、欧米では普及し始めた。日本でも取り組む病院が増えているが、実は、パブリック・スクールでの教育実践から生まれ育まれてきたものだということはあまり知られていない。

パブリック・スクールにおけるパストラル・ケアを研究する文部科学省の古阪肇《ふるさかはじめ》によると、パブリック・スクールは「イギリスの教育を牽引し、徳育、体育、知育面においてイギリスの教育の基幹となる存在」で、そのなかでパストラル・ケアはそれら教育の根幹となる徳育、体育、知育と密接な関連性をもっていたという。具体的には、「人格陶冶《とうや》」「礼拝・宗教」「スポーツ」「学問」「住環境」「食事」「体罰」の七つの観点から、パブリック・スクールでは生徒たちをケアする。最後の体罰については、一九八六年に法律で禁止されるまでは鞭打ちを中心に実際に行われていた。

では、ハロウ校のパストラル・ケアを見ていこう。ハロウ校では次のような体制で、生徒たちの精神面のサポートを施している。

・ハウスマスター（寮長）
校内に住む教師で、全人教育を順守しながら、質の高いパストラル・ケアを提供する
・デピューティー・ハウスマスター（副寮長）
パストラル・ケアの全体的な責任をもつ
・チューター
複数の生徒を担当。担当する生徒とは少なくとも週に一度面談を行う。その際に、グループでの面談を実施したり、特定のことについて個人的に話し合うことも可能である。昼食をともにすることや、授業の前や休憩中にも面談を行う。担当生徒の学業に関しても助言を行う

・ピア・サポーター

優秀な上級生はピア・サポーターとしての訓練を受け、他の生徒の手助けをする

・カウンセラー

生徒とその両親は、専門のカウンセラーとの面談を受けることができる

このように、ハロウ校では専門のパストラル・チームにより十分な体制が整えられている。これだけ充実した精神的なケアがあれば、いじめも少なくなるだろうし、不安なく学問に打ち込めるというものだ。

また、このパストラル・ケアの体制にも優れたリーダーを生み出す要因があると考えることもできる。優秀な上級生はピア・サポーターに選ばれると書いたが、下級生たちの精神面をサポートするわけだから、彼らにかかる責任は重い。当然、責任感は醸成される。こうしたことが「人のために役立つ」という奉仕の精神につながると同時に、責任感をもってものごとに当たるというリーダーにとって重要な資質を磨くことにもなるのである。

寮生活でチームワークを育む

イートン校のハウスは下級生のときから一人部屋だ。このことがイートン校の生徒に独

立心を芽生えさせることにつながることは先に述べたが、ハロウ校の場合は個室になるのは上級生になってからである。入学後最初の二年間は二人ないし三人の相部屋で過ごす。誰が散らかし屋で、誰がいびきをかくか、誰が早起きか、逆に誰が夜更かしをするのか、グループの仲間一人ひとりを知るのはもちろん、部屋のなかでは協調・協力しながら生活する必要に迫られる。さらに、ハウスでは一四人で一グループを形成し、グループごとに行動することが多い（相部屋は学期ごとにルームメイトが変わり、全員をよく知ることができる仕組みになっている）。当然のことながら、チームワークが重視され、自然と仲間意識も芽生える。それがハロウ校の個性につながっているようだ。

ホーキンズ校長は語る。

「確かに当校ではダイナミックな個性、独創性を促すといった面においてイートン校より劣るかもしれない。しかし、チームワークや協調性では上。だからこそ、より広範な活動ができるのです」

また、教員と保護者の関係が緊密であることも特徴と言える。折々の学校行事やハウスごとの行事に生徒の親も参加するため、自分の息子と同じハウスに所属する生徒のこともよく知っており、自分の息子のように親しみをもって接する。つまりハウス全体が大きな家族のような雰囲気を醸し出しているのだ。こういったハロウ校の校風に憧れ、イギリスに限らず、世界中から生徒が集まっている。父や祖父だけでなく、自分を含めて一三代にわたってハロウ校に通うという生徒もいるくらいだ。ホーキンズ校長によると、以前ほどではないが、土地所有者や昔ながらの風習や行事などを重んじる家庭の子息は、まだたくさん入学しているそうである。こういった伝統的な入学者の割合は、ザ・ナインのなかでもハロウ校は高い。その一方で、海外からの子弟が二〇％以上を占める。そのうちの半数は海外居住のイギリス人だが、残りの半分は純粋な外国人の子弟だ。

ハロウ校は全寮制で、学費を含めて多額の費用がかかる。したがって、世界経済が変化するにつれ、裕福な国から来る生徒が増える。それでも、イギリス風というベースになる部分は堅持しなくてはならない。そのためにも、どこかの国に入学者が偏るようなことは避けるなど、できるだけバランスを保つよう受け入れには注意しているそうである。こういった不断の努力も校風の維持につながっているのだろう。

優越感・劣等感が生まれない校風

ハロウ校で日本語を教えている松原直美は、一番衝撃を受けたことのひとつに「学校が生徒の賞罰をはっきりと目に見える形で継続的に与えていること」を挙げた。学校ではほとんどの授業やスポーツのクラスが能力別であり、学力や芸術、特殊な技術に優れた生徒には特待生（スカラー）という称号が与えられ、その称号が常についてまわる。一方、学業不履行や素行態度不良の生徒の名前も、彼らが受けなくてはならない罰則とともに掲示板に貼り出される。これらの賞罰開示により生徒たちが優越感や劣等感を感じることはあるかと聞いたそうだ。それに対して、多くの生徒がどちらの感情も強く感じないと答えたという。

自分が上位のクラスに配属されたり表彰されたりしたときに、優越感のようなものを抱くことはあるが、周囲には常に適度な競争があり、自分が不得意な分野で表彰される生徒を見たりするため、自分の能力を過大評価することはない。これが、生徒に優越感が生じない主な理由である。

一方で、劣等感のほうは主に二つの理由で生まれにくい、と松原は分析している。まず、生徒たちは「上位クラス在籍者または表彰される生徒たちが、努力をしてその地位を獲得していること」を、寮生活などを通じてしっかりと認識している。だから、彼が受賞するのは当然だと考えるのだ。劣等感よりも、むしろ受賞者に対する「賞賛の念」が生じるわけである。

これに関連して言えば、日本に比べてイギリスは、階級や所得による区別や住み分けが強い。たとえば、住む場所、使うスーパーなど日常生活のなかに、いまだにそれが色濃く反映されている。学校教育においても能力によるクラス分けが普通に行われる。だから、日本とは異なり、クラスによって履修教科数や履修内容が異なっていても生徒や親は違和感をもたない。生徒会役員や各寮のリーダーは特別な制服やネクタイを着用し、学校新聞や卒業生用定期冊子、ホームページなどでも、学内・外のコンテストや行事で受賞したり、活躍した生徒に惜しみない賞賛を与える。こうしたイギリス人気質も劣等感よりも「賞賛の念」につながりやすい要因なのかもしれない。

二番目の理由は、ハロウ校が日本の中学や高校よりも、はるかに多くの授業や活動を提供しているということである。自分の得意な分野や好きな分野を見つけやすく、自分の特性をその分野に注力できるからこそ、のびのびと個性を伸ばすことができるのであろう。

実際、筆者がインタビューした生徒も、「自分の能力が他の人たちから認められるから、自分も相手の能力を素直に認めることができる」と語った。たとえ相手が自分よりも高い能力をもつ同学年の生徒だったとしても、素直にその事実を受け止めることができるそうだ。また、ハロウ校ではある領域で優秀さを認められた最上級生は特別な制服を身に着けることができるのだが、それについても「後輩たちの励みになってよい」という意見が聞かれた。優秀な生徒が、そのことで逆に嘲笑の対象になったり、努力をしている生徒が疎まれるといったことが日本ではまま見られるが（そのため、あえて努力しない、といった悲しいできごとも生じている)、そうした日本の現状から見ればうらやましい限りである。

最後に、ハロウ校のキャリア観と海外分校について少しだけ。

いわゆる大企業に就職したいという生徒は少ない。大手投資銀行への就職、職業軍人なども いるが、医師や弁護士、コンサルタント、そして自分で起業するなど、個人で働ける職業に就きたいと思う生徒が大半である。生徒たちは有名大学卒業後、各業界のリーディングカンパニーに勤め、そのなかでノウハウを学び、その後独立、というのがよくあるパターンだそうである。

ハロウ校には海外分校がある。ハロウ校は海外校に熱心で、バンコク、北京、香港、上海にある(いずれもフランチャイズ方式)。ハロウの名前は国際的に知られているので、それを利用しながら、ハロウの教育方法をより広めようという理由と、国際的名声を利用して多くの生徒にイギリスの大学に来てもらい、イギリスのすばらしさに気づいてもらいたい、という狙いがあるという。他に、ロンドン本校の余剰資金を生み出すためという理由もあるようだ。ただし、ホーキンズ校長によると「フランチャイズ校は結局のところ本校とは違う学校。海外に、ハロウ校のレプリカを作るつもりはありません」とのこと。たとえば、海外校では生徒は幼稚園からスタートし、男女共学である。

しかし、いまのところ、イギリス本校に男女共学の予定はない。「今後二〇年、ハロウが変化することはありませんし、変化する計画もありません」とホーキンズ校長は断言した。

ラ・サール　困っている人に手を差しのべる家族愛

ラ・サールの基本情報

- 所在地は鹿児島県鹿児島市
- 自宅より通学ができない生徒向けの寮がある男子校
- 生徒数は約一二〇〇名（中学四八〇名、高校七二〇名）。高校からの入学者は約二四〇名
- 学費　約六一万円（寮費は別途）
- その他の特徴　制服はあるが、細かな規則はない

ラ・サールの教育に惹かれる親たち

ラ・サールは、人の名前である。ジャン・バティスト・ド・ラ・サール師――学校教育による社会の改革を志し、家財や栄職を捨て、その生涯を青少年の教育に捧げた人物だった。

一六五一年、フランスのランスに生まれた彼は、ソルボンヌ大学を卒業した後、司祭になった。その後、宗教活動を行う一方で、仲間たちと日常使うフランス語で学ぶことがで

きる学校を開いた。一六八四年のことで、まだその当時は貴族の子どもたちだけが教育を受けられた時代である。さまざまな困難に直面したことは想像に難くない。それらと闘い、いまにつながる教育の基礎を築いたのだった。

現在では近代教育の先駆者とされ、聖人にも列せられている。

そのラ・サール師の遺志を継ぎ、師に倣って天職として教育に従事する人々の集まりがラ・サール会である。現在、同会により世界八〇か国で一〇〇〇を超える学校が運営されている。フランスの大統領だったド・ゴールや映画俳優のブルース・リーなどが著名なラ・サールの「卒業生」たちだ。

ラ・サール会の修道士四名が学校設立の準備のために来日したのは、一九三二(昭和七)年のことだった。が、戦争の激化で学校の設立は遅々として進まず、ようやく実現したのは戦後になってから。日本で最初にラ・サール会によって設立された学校が、これから紹介する鹿児島にあるラ・サール学園(一九五〇年設立。以後、ラ・サールと表記)である。

その後、日本のラ・サール会は鹿児島のほかに函館でも中学・高校を開設した(函館ラ・サール学園、一九五九年設立)。ただし、受験実績などから鹿児島のほうが知名度は高く、一般に「ラ・サール」と言えば鹿児島のほうを指すことが多いだろう。鹿児島ラ・サールを卒業したタレント「ラサール石井」の存在も大きいと思われる。

校内に立つラ・サール師の胸像

ラ・サール高校の受験実績は全国トップクラスで、二〇一七年度の東大合格者は四〇名を誇る。ほかにも九州大学合格者は二〇名、京大合格者も五名いる。近年は医学部志向が強く、毎年一〇〇名前後が医学部医学科に合格するとのことだ。一学年は約二四〇名だから、約四割の生徒が医学の道に進む計算である。

もちろん、本書でラ・サールを取り上げるのは受験に強いからではない。筆者がラ・サールに注目する理由は大きく三つある。

ひとつは、知識を得るためだけの教科ではなく、立派な人間を作るための土台づくりを指導の中心にすえている点である。その象徴が独自の授業である中学の「倫理」、高校の「人間学」であり、さらにはクリスマスのバザーなどだ。二番目は寮の存在で、多くの生徒が寮生活を送っており、それを通じて人格教育が施されている。最後に触れるファミリー・スピリットが培われるのも寮の存在が大きい。第三に、寮生活に加え、課外活動などさまざまな場面でリーダーの育成が図られている点も、ラ・サールの特徴として挙げられよう。部活もさかんで多くの生徒がどこかのクラブに所属しており、半数の生徒が運動部に入部している。ラグビー部やサッカー部などは、鹿児島県内では屈指の強豪校だという。

もうおわかりだと思うが、ラ・サールはイギリスのパブリック・スクールと類似している部分が非常に多いのである。

日本の場合、東大に何人、医学部に何人といった受験実績がことさら強調されがちだが、ラ・サールの場合は教育そのものに魅かれ、子どもを入学させる親が多数いる。

「自分の子どもにも、あの教育を受けさせたい。そう考え、子どもをラ・サールに通わせた同窓生はかなりの数に上ります」

筆者の知るラ・サールの卒業生のAもそのように語っている。今回、取材をさせていただいたなかにも、父親がラ・サール出身の生徒がいた。

また、ラ・サールは共学ではなく、いまだに男子校であるが、谷口哲生副校長によると「男子のみのほうが女子を意識せず、萎縮《いしゅく》せずに学ぶことができる」ということであった。

これはイギリスの男子のみのパブリック・スクールの校長からもしばしば耳にする意見である。幼いころは男子と女子の成長の速度が異なり、女子のほうが全般に大人びている。そのなかで、プライドと性差への意識、負けることへの恐れなどが入り交じり、本来の真っ直ぐな成長を阻害することも考えられる。そういう側面からすると、十分に理解しうる理由であろう。

人間性を深める教育

谷口哲生副校長

ラ・サールの教育の特徴に移ろう。まずは人格教育であるが、その前に勉学面を確認しておきたい。

・多数の志願者のなかから選ばれた能力のある生徒の集まりで、学力差が小さい。そのうえで、六か年を通じた効率的な学習指導を行っている
・中学の三年間は基礎力の充実に力を入れ、高校の課程と関連づけた授業を行っている
・外国人教師による英語の指導を実施。習熟度に

応じた少人数指導も行う

これらが学習指導の特徴である。他の中高一貫校と同様に、きめ細かな指導が行われている。

教師陣は中学・高校の区別がなく、両方で授業を担当する。英数国については基本的に中学一年から高校三年まで教師がもち上がる形で、六か年にわたって計画を立て、指導が施される。常勤教員は約七〇名、彼ら以外に非常勤の教員が十数名いる。学期ごとに最低一回は教科研究会を行い、成果の確認や新しい指導方法の検討などを実施する。生活面の指導は、年に二回行われる学年ごとの授業担当者会議を通じて施す。中学に関してはいじめ・問題行動も考慮して、担任と副担任による会議が毎月行われるとのことだ。

中高一貫校ではあるものの、年に二〜三名、高校に進学しない人間がいる。それは中学二年生の末に内部進学希望者の判定会議を開き、そこで「成績不振」と判断された生徒には転校を勧めるからである。ただし、本人の強い意志がある限り、転校は強制しない。このあたりは、ファミリー・スピリットを理念に掲げる学校の特長とも言えるだろう。

しかしながら、成績不振の生徒が高校に進学し他の生徒についていくためには、相当な覚悟が必要だ。ラ・サール高校はテストが多いことで有名だからである。

中学でも月に一回、年に一〇回も定期考査が実施されているが（通常の中学は年に五回程度であるから二倍である）、それに加えて高校に入ると、毎日「朝テスト」と呼ばれる基礎学力強化のためのテストが行われる。授業開始前の二〇分間を使って、英語の単語力などを徹底的に磨き上げるのだ。さらに高校二年からは週テストがスタートし、それが高校三年になると週三回に増えるというのだから、並大抵の覚悟ではすまない。作問する側の苦労もかなりのものだ。

とは言え、実際にラ・サールの生徒と話していると「ガリ勉」という印象はまったくない。週テストも「それを使ってペースを維持する」という感じだし、刻苦《こっく》勉励《べんれい》という感じもほとんど見えない。ここのところは灘校の生徒たちとよく似ており、「勉強はやらされるものではなく、自分からするもの」という意識がしっかりできている。

要因はいくつか考えられるが、中学から自習の習慣がついていることも大きいだろう。ラ・サールの寮では義務自習の時間があり、義務自習で一日は終わる（二一三ページの表5-1）。所定の時刻に広い自習室に集まって、予習や復習をしたり宿題に勤しんだりする。机は決まっており、中学自習室は本棚で仕切られている。そうやって自然と勉強の大切さを学ぶ形になっているのだ。さらに、この寮と自由な校風が自立心を芽生えさせると思うのだが、これについては寮生活のところで詳述することにしよう。

いずれにしろ、学校と寮での学習が充実しており、互いに刺激も受けているため、ラ・サールにいる限り、塾に通ったり、通信教育などを受ける必要はない。リーダーに必須である「知・徳・体」のうち、知はこのようにして磨かれている。

では、「徳」(=立派な人間を作るための土台づくり)はどうか。

出自から明らかな通り、ラ・サールはカトリック系の学校であるが、宗教色は薄い。教育方針のひとつとして「キリスト教の広く豊かな隣人愛の精神を養います」とあるものの、宗教的なものは学校に「お御堂《みどう》」があるのと(パブリック・スクールで見たチャペルに実によく似ている)、中学の「倫理」と高校の「人間学」の授業くらいである。ただ、この「倫理」と「人間学」の授業が重要なのだ。教えるのは校長とブラザー(修道士の資格をもった教員)で、これらの授業を通じて神や隣人、命の尊さ、義務などについて教え、それをよく実行するよう指導する。ラ・サール師の教えや世界観などもここで学んでいく。

とくに高校の「人間学」では、その名のとおり人間のさまざまな行動を通じて、生き方や社会のありようを考える形を取っている。たとえば、戦争や差別などについて討論させたり、レポートを書かせたりする。それにより社会の矛盾や宗教の役割を学んでいくわけだが、哲学的なテーマだと結論を出すのはおそらく難しいだろう。しかし、結論を出すことではなく、考えることが重要だというのがラ・サールのスタンスである。こうやって生徒は思考を深めていく。同時に、人間性も深まっていくのである。

バザーで学ぶ奉仕の精神

もうひとつ、ラ・サールの生徒の心を豊かにするのが、伝統行事であるクリスマスのバザーだ（正式には「クリスマスバスケットバザー」）。二〇一七年は一一月二六日に実施された。その専用WEBサイトでは、二つの点でこのバザーは「特別だ」と謳われている（カギカッコ内はWEBサイトより抜粋）。

①生徒主体であること

「このクリスマスバスケットバザー（略称：CBB）は、普通の学校の行事とは違って、企画、広報、設営から運営まで、その大部分を生徒が主体となって行われます。……責任は重いのですが、すべてが無事やり遂げられた後の達成感は筆舌に尽くしがたいものです」

②恵まれない人たちのために

「毎年、クリスマスバスケットバザーには非常に多くのお客様にご来場いただいております。皆様のご協力により集まった収益金は、世界中の慈善団体や災害の被災地に全額寄付しています。世界中の恵まれない人たちの力になるため、また、同じ地球上に住む『ファミリー』に笑顔を届けるために、全身全霊頑張ります」

一九五〇年の開校当時、戦後の混乱はまだ収まっておらず、貧しい生活を送る人たちも巷にあふれていた。その点、私立の学校に通えるラ・サールの生徒は恵まれた存在である。初代校長であるマルセル・プティは、「恵まれない人々のために衣類・靴・日用品などを贈ろう」と生徒に提案したのだった。当初は、バスケット（かご）を用意し、集めた品々をリヤカーに乗せて施設に運んだ。そこから「バスケット」の言葉がついた。バザーは、のちの学生にも引き継がれ、ラ・サールの伝統となり、一九九三年からは生徒会主催になった。このように奉仕の精神は先輩から後輩へ受け継がれていったのである。

「メイン会場となる体育館はものすごい盛り上がりで、開場前の朝早くから列ができるくらいです。私もスタッフとして参加しましたが、食券セクション、美化セクション、警備駐車場セクションなど九の部署があって連携し運営しています。その数は五〇〇名にものぼります。仲間と協力することの大切さや、富を分け合う大切さを私はこのバザーを通じて学びましたね。本当に充実感がありました」（卒業生のA）

各方面から提供される品物は仕分けるだけで二か月以上かかるという。集客効果を上げるためのイベントも催され、その準備にも相当なエネルギーが必要だろう。一一月の開催だから高三生にとっては受験の直前期で、もちろん高二生、高一生が中心になって運営されてはいるものの、このバザーのときだけは高三生も受験勉強はお休み。「困っている人がいるなら、手を差しのべる」――大変だろうが、生徒たちの多くが充実感を抱くのもうなずける。収益は五〇〇〇万円近くになる年もあるそうだ。

副校長の谷口先生は言う。

「生徒はキリスト教の理念や精神はあまり意識していないでしょう。しかし、それらは生徒たちのなかで生きていると思います」

ちなみに、二〇一六年のバザーのテーマは「LOVE」だった。

「知」「徳」と来たので「体」にも少し触れておこう。意外にも、ラ・サールには身体を動かす行事が多い。その代表が「桜島一周遠行」である。

桜島一周遠行はその名のとおり、桜島の周囲約三七キロを一周する。しかも、全行程が歩きで、まさに「踏破」である。毎年一二月に実施されており、中高全員が参加する。昔は夜間に実施し「夜間行軍」と言われた時代もあったが、いまは昼間に行われている。とは言え、かかる時間は六～八時間。遠足でも目的地まで徒歩移動が普通で、多くの生徒が入学した当初はびっくりするという。登山行事も多く、かなり急峻《きゅうしゅん》な山に出かけ、鹿児島の最高峰・韓国岳《からくにだけ》（霧島連峰）はまさにラ・サールの「庭」になっている。

薩摩の伝統を伝える寮

ラ・サールの寮は、生徒全員が入るのではなく希望者のみが入寮する形である。高三になると学校指定の下宿に移るが、彼らも含めて自宅外から通う生徒は七割にのぼる。中学生は一・二・三年生の八人からなる相部屋で、高校生になると全員個室が与えられる。ただし、勉強は自習室でするので中学生の部屋には机の類はない。自分のスペースは二段ベッドと専用のロッカーのみ。高校生の個室も「うなぎの寝床のよう」（卒業生のA）だったそうだが、二〇一三年に完成した新寮では、高校生の個室の扉はパステルカラーで彩られ、部屋の天井は高く、広さもあり、また、勉強机の正面には窓が配置され、開放感があるという。ホセ校長によると、パステルカラーの扉は、毎朝元気よくスタートするための明るさの象徴だそうだ。

寮の目的は、一義的には「自宅から通えない生徒に住居を提供する」ことだ。さらに、「規則正しい生活と、学習習慣を身につける」ことも挙げられよう。このご時世にあって、学校や寮ではパソコンやスマートフォンが一切禁止なので、彼らはネットゲームもほとんど知らないわけだ。しかし、寮のなかで（寮に限ったことではないが）「年長者から年少者への指導が行われている」点に強く魅かれた。言ってみれば縦割りの教育制度で、それがリーダー育成にもつながっているように思えるのだ。

鹿児島には郷中教育という独自のシステムがあったことはよく知られている。その最大の特色は、先輩が後輩を指導することに加えて、生徒同士がお互いに助け合うというところで、薩摩藩では方限《ほうぎり》と呼ばれる町内の区画ごとに六歳から一五歳くらいの少年が集まり、先輩が指導役になって論語や書道などを教えた。さらに生徒同士が教え合ったり議論したりして、思考力やコミュニケーション力も強化していた。郷中では勉学だけでなく武芸や

表 5-1　ラ・サール校の寮生の日課の例

中学生（平日）	
随時起床	5:00
起床	7:00
点呼	7:20
朝食	7:20〜8:10
登校	8:10（登校完了）
義務学習	—
昼食	12:40〜13:10
入浴	15:00〜19:10
夕食	17:30〜19:00
点呼	19:15
義務自習（前半）	19:15〜20:45
休憩	20:45〜21:15
義務自習（後半）	21:15〜22:45
消灯就寝	23:00

高校生（平日）	
随時起床	5:00
起床	7:00
点呼	7:20
朝食	7:20〜8:10
登校	8:05（登校完了）
昼食	12:40〜13:10
入浴	15:00〜19:20
夕食	17:30〜19:00
義務自習	19:30〜21:00 21:15〜22:45
自習	23:00〜23:45
消灯就寝	24:00

いる。

礼儀も学んだそうだ。維新の両傑である西郷隆盛と大久保利通は同じ郷中で教育を受けて

ラ・サールの寮では、この郷中教育のよい面がうまく取り入れられているのだ。

寮は、鉄筋コンクリートの四階建てのものが新設された。一階には事務室、食堂、洗濯室、病室、用務職員の部屋があり、二階から四階までの各階に中学生・高校生のための部屋や自習室、寮の教諭室がある。部屋や食堂、自習室などいろいろなところで先輩が後輩を教えたり、アドバイスしたりする姿が見られた。その関係は同じ部屋の人間だったり、クラブ活動の先輩・後輩だったり、体育祭を通じてだったりさまざまだが、いずれにしても年齢を超えた相互扶助、相互教育が行き届いていることがよくわかる。イベントも多く、クリスマスバスケットバザーと同様に、寮生が主導して開催されるが、それらを通じて先輩から後輩への指導も行われる。ときには議論を闘わせることもあるだろう。もちろん、寮担当の教師（寮教諭。中学生寮に九名、高校生寮に六名）もいるにはいるが、基本的に生徒たちのやり方、決めたことには口出しはしない。温かく見守るだけである。

「寮長に選ばれてから、たとえば夜に友だちと一緒に騒いではいけないといった責任感のようなものも芽生えました」（中三の寮長）

「高校から入学した生徒たちが寮に慣れるまでの配慮に苦心しました」（高二の寮長）

どちらも現役生徒（インタビュー当時）の言葉である。これだけで、寮長になり成長していることがわかろうというものだ。なお、五人にインタビューさせてもらったが、そのうちの高校生一人のお父様はラ・サールの出身者だった。

太田肇の著書『なぜ日本企業は勝てなくなったのか』では、個人の自立（太田はこれを「分化」と呼ぶ）の重要性が説かれているが、同書のなかに出てくるある中学の事例が興味深い。その中学では上級生が下級生の役に立つにはどうすればいいかを考えさせ、実践させるようにしているそうだ。「させる」と言っても教師が指示するのではなく、生徒が自主的に行うのだが、結果的に「人の役に立つことができる」という意識が高まったという。ラ・サールの寮では、自然とそのような雰囲気ができているわけで、医学部を目指す生徒が多いのも、こうしたことと無関係ではないだろう。「世俗での成功を望むのではなく、広く人々を救済するという意思」は、キリスト教の教えの体現であるが、寮生活を通じて、うまくそれが浸透しているようである。

ところで、寮の生活ともあいまって、ラ・サールの校風は堅苦しいと想像される人が多いかもしれない。が、実際はそうではない。学校自体非常に自由な校風で、制服はあるものの、少しくらい乱れていてもお構いなし。昔は、ゲタ履きで通学した猛者《もさ》もいたくらいで、いまも生活指導であれこれ細かく注意することはないという。当然ながら寮もそのような雰囲気だ。自習時間以外はいかにも一〇代の若者たちらしい姿を見ることができる。音楽を楽しんだり、たわいもない話で盛り上がったり……。しかし、共同生活の場でもあるだけに、一定の秩序は必要だ。それを寮長（部屋の場合は室長）を中心に指導し議論もして作りあげていくのである。

寮内ではスマートフォンは禁止（寮に共用電話はある）、パソコンももち込めない。学校のコンピュータ室でパソコンが使用でき、家族とのメールなども可能だが、そこに入り浸るような生徒はいない。ゴールデンウィークや入試シーズンには授業は行われず、帰省する者も多いが、「実家に帰ると逆に寂しい」と寮に残る生徒も少なからずいるそうだ。

そんな寮生たちも高三生になると来るべき受験に備えて下宿に移り住むのだが、下宿といっても昔ながらのもので、風呂・トイレは共用、お母さん代わりの下宿の「おばさん」が作ってくれた料理を食堂で一緒に食べる形だ。部屋も廊下をはさんでずらりと並ぶ。

「とにかく寮は楽しかった。そして切磋琢磨しました。少なくとも私にとってラ・サール＝寮と言ってもいいくらいです。一方、下宿は戦友たちと一緒に過ごした感じですね。寮時代の友だち、下宿時代の友だち、卒業して何年もたちますが、どちらもいまだに濃密な関係が続いています」

と先に登場した卒業生のAは語った。

上級生から下級生へ、徹底指導の体育祭

郷中教育に話を戻すが、もうひとつ郷中教育を体現しているものに体育祭がある。九月に実施されるラ・サールのそれは実にユニークだ。

・紅軍と白軍の二つに分かれた対抗戦を行う
・紅白は出身地で分かれ、地元・鹿児島を中心とするのが紅軍、それ以外は白軍

体育祭のプログラム（二〇一六年）を見ると面白い。高校生の大玉ころがしや職員・保護者の玉入れのように小学校でやるようなものがあるかと思えば、棒倒しや騎馬戦といった勇壮なものも見られる。高校の一五〇〇メートル走といったものもあった。なかでも一番の見ものは応援合戦だ（なんと、五五分も行われる！）。両軍それぞれ二〇〇名規模の組織で、団長のほか学ラン隊、参謀、袴隊などきちんと役割も決まっている、というのだから驚かされる。

体育祭が終わって一週間後には早くも翌年の応援団長や幹部が決まる。応援合戦のためだけに一年も前から動き出すわけで、中心となるのは高校二年生である。本番は高三の九

月だから、まさに受験の直前だ。しかし、体育祭だけは最上級生がリードするのである。九月に入ると本格的な準備が始まる。準備では上級生から下級生に、細やかな指導が徹底して行われる。とくに応援合戦中に催される演舞は見もので、毎年のように地元のニュースになるくらいだ。

普段あまり接点のない者同士が、学年や生まれた土地、住んでいる寮を超えて一緒にひとつのものを作りあげていく。それが二〇〇人もの規模で行われるのだから、並大抵のエネルギーではできない。こうした活動を通じてラ・サールの生徒たちは互いを理解し認め合うこと、他者を思いやることを学んでいくのだろう。数多くのリーダーを輩出してきたのもうなずけようものだ。OBにはTOTOや全日空の社長などの経営者、県知事、国会議員も多数いる。元文部官僚でゆとり教育の推進者で知られる寺脇研も卒業生である。医師や研究者はとくに多く、水俣病研究で著名な原田正純《まさずみ》はラ・サールの出身である。

なお、関係者に話を聞きながら、パブリック・スクールに似ているが、フランスの私立の優秀な学校との共通点も多いと感じた。たとえば、フランスの私立「リセ・セント・ジュヌヴィエーヴ・ヴェルサイユ」と比較してみると(カッコ内はラ・サール)、

・グランゼコール合格を目指す(有名大学合格を目指す)

・宗教教育は行わない。教会やミサへの参加を求めない（中学の「倫理」、高校の「人間学」のみ）
・寮が教育機能の一端を担っている（ラ・サールも同様）

となる。

最後にファミリー・スピリットについても触れておこう。

鹿児島ラ・サールの姉妹校「函館ラ・サール学園」のWEBサイトは、ファミリー・スピリットについて、こう書いている。

「生徒たちは学校を一つの家族のように考え、彼らにとって、教師たちは信頼できる父や兄と考えます。こういう家族的精神は生徒たちに行動上の自覚を促し、学校の名誉を重んずる態度を養います。

生徒は学友たちのことを赤の他人だとは考えません。互いに助け合い、喜びも楽しみも、ともに分かち合うのです。しかし、こういう隣人への愛は決してそれだけにとどまるものではありません。それはやがて生徒たちを偉大な『人類愛』へと導いていくのです。人類に対する貢献と協力――これこそ『我らみな人間家族』という自覚から生まれるのです」

寮が、このファミリー・スピリットの醸成にもいい影響を与えることは見てきた通りだ。

また、ファミリー・スピリットというマインドそのものが、ラ・サールの人たちの結びつきを強固にしている。

多くの卒業生たちは一〇年、二〇年といった節目に、家族を伴って鹿児島に集まるそうである。母校に集まり、教師たちと再会したり、昔と同じように球技をしたり、そのときには童心に帰るそうだ。多くの卒業生が経済の中心である東京で活躍するが、そこでも学年やクラス、寮、部活、下宿先、職場などの単位の会合が開かれている。OBや先生方の話を聞けば聞くほど、パブリック・スクールの結びつきに匹敵すると感じたものだ。

最難関の受験校のひとつでありながら、生徒たちは他人への温かい眼差しを忘れない。日本のリーダー育成を考える際の大きなヒントがラ・サールにはある。

［コラム3］マーチャント・テイラーズ校　優れた通学生ハウス

マーチャント・テイラーズ校の基本情報

- 所在地はロンドン郊外
- 完全通学制の男子校
- 生徒数は八九五名
- 設立年　一五六一年
- 学費　六六六六ポンド（一学期あたり、三学期制）
- その他の特徴　他の寄宿生学校とは異なり、一〇歳から一八歳までが学ぶ

優れた教師は常に自らに問いかける、「よい先生とはどんな先生だろう？」、「生徒は先生に何を求めるのだろうか？」と。マーチャント・テイラーズ校でも、教師は同じ問いかけを繰り返し、最後に自身が行う教育が正しいのかどうかを顧みる。生徒や教育に謙虚で誠実な教師は優れた教師であり、そういった優れた教師は、また生徒たちに、自由に解答ができる質問、正解も不正解もない質問を出し、内容の全体像を把

握させ、与えられた情報を駆使して、多様な解釈を示しながら、解答に辿り着かせる。

マーチャント・テイラーズ校は一五六一年に設立された。もともとはロンドンにあったが、一九三三年にロンドン郊外のハートフォードシャー州に移転。男子校で約九〇〇名の学生数を数える。創設者は三人の商人だ。いわば企業立の学校で、この点でコラム1で紹介した甲陽学院と共通する。

掲げるミッションは「幅広いカリキュラムと多様な経験を通じて、生徒の才能を発見、発展させることに専念し、才能とともに確かな価値観をもち、急速に変化する二一世紀のグローバル社会で活躍する人間を育てること」で、学術に焦点を合わせた総合的な学校ではあるが、単に試験に合格することだけではなく、生徒一人ひとりへのサポートが非常に優れた学校である。

実は、マーチャント・テイラーズ校には、他のボーディング・スクールのような寄宿舎としての寮（ハウス）がない。ザ・ナインのなかで通学制（デイ・スクール）なのは同校だけで、ここがマーチャント・テイラーズ校の一番の特徴と言える。ただ、実在する寄宿舎ではないが、それぞれのハウスに通学生が属するというところはボーディング・スクールと変わらない。さらに、寄宿制の学校に比べて、保護者とのつながりの強いことが「売り」になっており、実際、保護者はよく学校を訪ねてくるという。学校行事にも積極的に参加してくれるため、教員と保護者の交流の機会は多く、

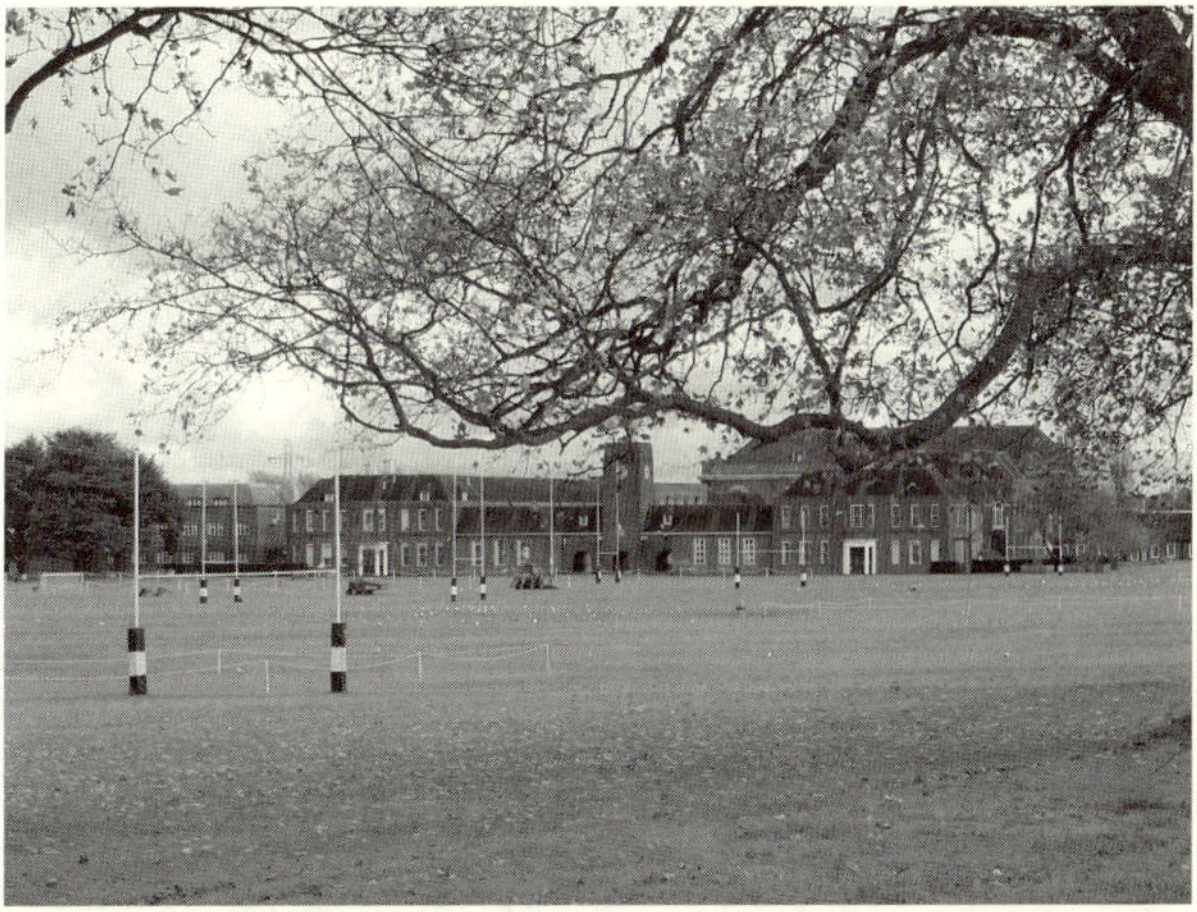

広大なキャンパスに広がるラグビー場

保護者の理解とサポートが、生徒たちの教育にもいい影響を与えている。

いま述べたとおり、通学制ではあるが、同校にはハウスシステムが設けられている。その数は八つ。ラグビー校の通学生用ハウスと同様で、さまざまな行事がハウス単位で実施される。チューターと呼ばれる教員によるケアもこのハウスを通じて行われる。各チューターが受けもつ人数は最大で一四名だ。学習や精神面から普段の生活態度まで、しっかりと目配りがされる。ハウスに行けば親代わりになる存在がいるうえに、仲間もいる。行事を通じてつながりも強くなる。

ハウスに居場所があるのは、生徒

たちにとって心強い。
「生徒たちはハウスへの愛着を高めるのがとても上手です。寄宿制の学校よりもハウスとのつながりは薄いはずなのに、自分たちのハウスに深い忠誠心をもって盛り上がっています」（マイケル・ホラン教諭）
面白いことに、ハウスごとに個性があるそうだ。生徒たちはランダムに選ばれているにもかかわらず、チャリティーに重点を置いたり、スポーツを熱心にやっているなど自然と違いが出てくるという。もちろん、ハウス自体の伝統もあるだろう。が、どうもそればかりではない。マーチャント・テイラーズ校では他のパブリック・スクールと違って、ハウスの責任者であるハウスマスターを、学校でそれほど重要な役割を担っていない若い教員に任せる習慣がある。そのことも影響しているのだろう。ハウスマスターはチューターを監督し、定期的にハウス会議を開き、チームを結成し、ハウスメンバーと話をしながら激励するのだが、若い教員は古いことにとらわれず、新しいことにもチャレンジできる。それを認める度量が学校にあるところも重要な点である。
イートン校に一〇年間勤め、寄宿学校を熟知しているマイケル・ホラン教諭が言うことには、寄宿学校のハウスシステムのよいところをすべてもちながら、マイナス面がほとんどない点が、マーチャント・テイラーズ校のハウスシステムのいいところだそうだ。生徒たちは、しっかりとしたアイデンティティをもち、競争に勇気をもって挑む術を身につけ、縦割り社会でリーダーシップをしっかりと身につけるようになるというのだ。優れた教師、先輩、後輩の姿をまねることで学ぶ学び方をモデリングと言うが、下級生たちは、トップとしての振る舞いや行動の模範（モデル）を示し、自ら責任をもつ上級生に憧れ、あんな上級生になりたいと思うわけだ。

終章でも述べるように、このマーチャント・テイラーズ校のやり方は、日本の学校にも非常に参考になるだろう。

また、他校以上にスポーツを重視し、音楽教育にも力を入れている（音楽教員は数人の常勤講師の他、数十人ものトップレベルの音楽家たちが非常勤で指導している）など、ハウス以外にも見逃せないところは多い。とくに、スポーツはリーダーシップ養成の観点から重要なのだそうだ。リーダーシップ育成という点では、独自の教育システムも導入している。チューターは一般に教師が務めるが、先生の補助役として生徒が下級生の面倒をみるというもので、指導を手伝い、校外学習に一緒に行ったりする（サブジェクトプロンプターと呼ばれる）。まだまだスタートしたばかりの制度だが、今後大きな成果が期待される。

最後に、サイモン・エヴァーソン校長の言葉を紹介しておく。

「生徒たちへの教育を限られた、浅いものにはしたくありません。勉強以外にも、スポーツや音楽、演劇、地域での活動など、さまざまな経験をしてもらいたいのです。そして完成された立派な大人になり、多様な人との強いつながりを形成し、いろんな世界で貢献するような人になってほしい」

ちなみに、エヴァーソンは二〇〇〇年代の初め、三九歳で校長に就任した。チャレンジングな学校、その将来が本当に楽しみである。

終章　イギリスと日本の名門校から学ぶべきこと

教育を取り巻く環境は激変している。それは日本に限ったことではなく、世界的な流れであり、少子化に伴う若年層の減少、長引く経済不況と格差の問題、教育の量と質の向上を妨げている財源不足、ICTや人工知能といった新しいテクノロジーへの対応などは、程度の差こそあれ、どの国の教育関係者も頭を悩ませている。それに加えて、その国固有の問題も影を落とす。ヨーロッパでは移民であり、アメリカだと貧富の大きな格差だろう。日本の場合はどうか。いろいろあるが、Return on Investment（ROI）、あるいはコストパフォーマンス、投資するお金に相当する価値を生み出しているかどうか――教育に関して、それがあまりにも強調されすぎているところが、筆者には気がかりである。

教育のみならず、文化事業やオリンピック、企業、果ては選挙まで、国家的利益を生み出すかどうかが判断の基準であり、利益を生み出さぬならば意味がないという風潮すら現在の日本では見受けられる。その結果は、コスト優先、安全性の揺らぎが問題となった各種メーカーでの不正の繰り返しやデータ改竄《かいざん》にも表れている。一旦失った信頼の回復は並大抵ではない。正しいことを正しいと言えない、出る杭は打たれる日本の風土は、その改善を遅らせる。常識は時代により、世代により変わっていくものだが、良識――たとえば「嘘はつかない」「弱きを助け、強きを挫《くじ》く」――は、どの時代においても、どの世代においても変わらぬ人間の生き方や社会のあり方にとっての核である。

高等教育に関して言えば、二〇一三年、文部科学省の文系軽視とも言える政策で、当時の下村博文文部科学大臣の名で出された文書（全国の国立大学の文系と教員養成系の学部について、「組織の廃止や社会的要請の高い領域への転換」を検討するよう通知したもの）が、物議を醸《かも》したことは記憶に新しい（個人的には下村元大臣は、若者のセカンド・チャンス、サード・チャンスの確保やチャレンジ精神の促進を積極的に図ろうとした政治家としては高く評価しているのであるが）。

なぜこれほど世のなかは即物的になってしまったのだろう。

たとえば、池田勇人内閣時代には「所得倍増計画」が推し進められ、他の内閣のときにも中小企業や農業の近代化、国土開発促進、地域間格差の是正などが図られた。また、国際競争力の強化なども推進された。しかし、それらがあまりに急速に進められたがために、何よりも根本的な理念、つまり「すべての改革は、社会やそこに生活する人々を幸福に導くためのものでなければならない」という視点を欠いてしまった。この理念の欠如が大きな問題だったのではないか。負の面はのちになって表面化する。物価の高騰《こうとう》、公害問題、都市と地方の経済・文化格差がそれであり、教育面では出身大学の難易度と所得の高低とが直結する傾向が強まった。

この根本的な理念の欠如が、現在のＲＯＩにつながっていくのである。バブル崩壊以降、その傾向はさらに強まっていると感じる。

終身雇用制度が崩れたいま、大学を卒業したからといって安泰ではない。いまや、「安定した会社に就職できるかどうか」が、教育における最大の関心であり、進学先を探す際の軸になっている。あちこちの週刊誌で「最強の学校！」といった記事が組まれているが、そこで言う「最強」が意味するのは東大・京大・医学部への進学実績であり、要するに、将来、家族をもち、安定した生活が送れるかどうかが基準になっている。どのような教育を行い、どんな人間を育てようとしているか、それが将来、どう社会の発展につながっていくかなどは、皆無ではないもののほとんど話題に上ることすらないのが実情である。

先述したように、教育の目的のひとつは、善き人間を育てることである。善き人間となるには徳を抜きには考えられず（ここで言う徳は道徳ではない。己の能力を磨いて得られる徳のことである）、またその徳は教育によって完成することは本書で何度も述べてきた。また、批判的精神をもった市民を育て、デモクラシーを推進し、公平性を拡大することも教育の大きな目的なのだが、そういった面はいつの間にか隅に追いやられ、投資や市場化、ランキング等々の競争的、経済的側面が重視されるようになり、世のなかに大きな影響を与えるようになってしまった。

教育は社会を担う人材を生み出すという重要な使命を帯びている。いま一度、教育とは何を意味するのかを考え直す必要があると考える。

人間的な素地を作ったうえの学び

私立の中高一貫校が受験至上主義に染まっている問題については第二章で詳述したが、私立に代えて公立の中高一貫校を増やすことが、教育の多様性やわが国における「国家百年の大計」に寄与するかどうかは、はなはだ疑問だ。政府は五〇〇校にまで増やすと言っているが、むしろ受験至上主義が強まる危険性はないだろうか。

私立の学校にはまだしも理念や建学の精神というものがあって、それに基づいてカリキュラムが形成される可能性はある。うまく機能すれば社会にとって有為な人材を育成していくだろう。一方、公立の学校の場合、理念は極めて不明確で、建学の精神なるものも存在しない学校が大半である。ＲＯＩが重視される世であれば、結果的に学力向上（＝進学実績）だけが、学校としての評価の基準になる恐れが極めて高い。都立高校や大阪府立高校の改革など（五七ページ参照）は、その文脈で見ると非常にわかりやすい。

教育の本来の目的は、個人の幸福である。それは疑い得ない。とは言え、教育の目的には「公共善に資する」という面があることも忘れてはいけない。まさに、「国家百年の大計中の大計」であり、この点で、本書で紹介してきたイギリスと日本の六つの学校（とマーチャント・テイラーズ校、甲陽学院）は、これにかなった教育を行っているのである。

たとえば、パブリック・スクールが育てようとしているのは、自分とは違う人間を第一に考えることができ、それらの人々が何を必要としているかに気づいて、共感し合える感性をもった人間だ。また、何が正しく何が悪いことかを理解する正しい道徳観も、パブリック・スクールの教育は重視している。マナーも非常に重要である。イギリス最古のパブリック・スクールであり、イートン校やハロウ校のモデルとなったウィンチェスター校のモットーは、「マナーが人間を作る」である。同校では「試験や大学入学のためではなく、少年の人生の準備を行う教育」を明確に打ち出している。

マナーとはすなわち礼儀正しさである。そうした人間的な素地を作ったうえで学びを積み上げていくというスタンスが、パブリック・スクールには存在している。あくまで、人間性の涵養が第一であり、それがあってこそ、真のリーダーは育っていく、という立場なのである。ハロウ校でも、しつけ、規律の修養には熱心で、靴の磨き方からネクタイの締め方といった身だしなみについても厳しく指導される。少年たちは、はっきりものが言え、聞くことができ、率直で礼儀正しく、忙しくあっても、必要とされるときに常に誰かを助ける用意ができていることが期待される。

真のリーダーの育成は人間性の涵養があってこそ。リーダーたるものは、何よりもまず品性の陶冶に力を注ぐべきで、善いこと、正しいことへの識見を身につけるべきである。そうでなくては決して、優れたリーダーにはなれないとされているのだ。

この点で、すでに紹介したように日本の四つの学校も「優れた教育」を行ったうえでの「最強の学校」である。四校はそれぞれ掲げた理念に基づき、人間性豊かな人材の育成に取り組んでいる。灘校の理念には「自他共栄」とあり、他人と協力し、譲歩し合い、ともに切磋琢磨して伸びることが謳われている。麻布は「自由闊達、自主自律」の校風の下で、生徒の自主性を育むことに重きを置いている。そして、ラ・サールは「広く豊かな隣人愛の精神」を教育指導の中心に据える。甲陽学院は、「気品高く教養豊かな有為の人材の育成」を教育方針に掲げている。そのうえに独自の学習指導を築き上げ、進学実績を伸ばし、さまざまな分野で日本を代表する人材を生み出してきた。繰り返しになるが、灘校も麻布もラ・サールも甲陽学院も単なる「進学実績に優れた学校」ではない。

しかしながら、日本のリーダーたちには何か物足りなさのようなものを感じる。それは私だけではないだろう。先を見通す視点と言えばいいのだろうか、己の身をなげうってでも突き進もうという気概と言えばいいのか……。ぐいっと周囲を引っ張る力強さにもどこか欠けている。とくに国のリーダーたる政治家に、グランドデザインが描け、世界を巻きこんでことを起こせるような人材がいない。

イギリスにもまた日本とは違った意味で先行きの不透明さが漂っているが、教育の分野だけは別だ。パブリック・スクール（とオックスフォード・ブリッジ）は世界中の人々を魅了している。とくに世界のリーダーと呼ばれる人たちを惹きつけてやまない。彼らが、こぞって子どもを通わせようとするのはなぜなのか。国際語である英語が使えるからというのが理由ではないのは明白だ。英語云々であるならば、大国中の大国であるアメリカで教育を受けるのが合理的だからである。そうではなく、彼らはリーダーを生み出すための教育をイギリスに求めているのである。そのための教育システムがパブリック・スクールで確立されているのは、すでに見てきたとおりだ。

第二章の最後に書いたように、海外の教育がよくて日本の教育が悪いわけではないし、そもそも、教育に国の優劣は存在しない。日本の中高一貫校は、日本という国の社会性や民族性を反映したものであって、灘校や麻布、ラ・サール、甲陽学院などはその優れた例だといって間違いなかろう。しかし、足りないところがあれば、他国のよい面は積極的に吸収すべきである。とくに、「先を見通す視点」「己の身をなげうってでも突き進もうという気概」「周囲を引っ張る力強さ」などは、パブリック・スクールの教育が参考になる可能性がある。

本書の締めとなるこの章では、パブリック・スクールと日本の中高一貫校の類似点と相違点を考察する。そのうえで、日本の中等教育のあり方について提言を行いたい。

日本の私立中高一貫校とパブリック・スクールの類似点・相違点

類似点①――理念は題目ではなく実践するもの

先に類似する点を見ていこう。

少し触れたように本書で紹介してきた八校にはしっかりした理念があり、それに基づき学校が運営されているところは共通する。

もちろん、理念が立派なものであっても、行動が伴わなければ「画に描いた餅」でしかない。その点、本書で紹介した学校が、それらの実現に向け最大限の努力を払っているのは見てきたとおりである。加えて、すべての学校の理念・モットーに「公共善に資する」という面を見ることができる。こうやって、リーダーを生み出す素地は作られる。

類似点②――「個の自立」で成長を促す

リーダーを生み出す素地という意味では、個の自立を促している点も見逃せない。学校によって自立の促し方には個性があり、日本ではあまり生徒を押さえつけない傾向が見られる。灘校や麻布には制服すらないし、どちらの学校も自由闊達が校風であると強調する。ラ・サールも意外とバンカラな雰囲気で知られる。東大合格者数ナンバー1の開成も、実は生徒に対して「面倒見が悪い」そうだ。規則によって縛らず、自覚と責任をもたせるために、まず自分で考えることを基本としている、と開成の関係者は語ってくれた。日本とは逆に、パブリック・スクールはむしろ規律を重視する。とくにマナーには厳しい。これは保護者が欲するところでもある。ただし、規律を重視しながらも、生徒たちがやりたいと思ったことにはいっさい制限は加えない。そして、目標に向かって進もうという生徒のサポートは徹底して行う。上級生に範を示させるというのも、パブリック・スクールの特長として挙げられる。下級生のよいモデルになるのだから、自覚をもって行動しないと示しがつかない。しっかりと範を垂れることができた人間が尊敬される風土になっているのも、よき伝統と言えよう。

しかし、共通する部分もあって、イベントなどは日英ともに生徒任せが基本だ。イベントの内容、会計、宣伝など何から何まで、これらの学校では教師は口出ししないのが原則である。いくら学校行事とは言え、大人の手を借りず自分たちの力だけでイベントをやり遂げたことは、生徒たちの大きな自信になるはずだ。自信がまた、さらなる「自主」「自律」につながっていく。同時に、組織を率いる醍醐味《だいごみ》や難しさも勉強する。高校生ともなればもう十分に大人である。手取り足取り教えたり、ましてや教師がすべてお膳立てする、では子どもたちの成長は促せない。リーダー育成を抜きにしても、いかに個を自立させるかは中等教育にとって重要なテーマである。

類似点③——高い学問的専門性で探究心に火をつける

学問的専門性と言っても、もちろん受験を突破するそれではない。もっと深いレベル、すなわち学問の本質をつかんだうえで、生徒たちにしっかりとした理解を促していく能力を教師たちがもっているかどうかである。学問的専門性が高いがゆえに、その教科がもつ面白さを伝えることもできる。中等教育の段階で、学問の深みに触れる意義は、どれほど大きなことだろう。

生徒の探究心に火をつけることができれば、放っておいても学力は向上するものだ。灘校の橋本教諭が行ってきた中学三年間をかけて中勘助の『銀の匙』を一冊読み上げる国語授業「『銀の匙』授業」が高く評価されているのは、その証左である。力量のある教師に教われば、中学や高校の勉強も、単なる受験に必要なものという感覚から抜け出すことができるだろう。それによって、将来、専門とするもの以外の教科も、豊かな教養として血となり肉となる。教養は人間理解につながるリーダーに必須のものである。こうやって、リーダーを生み出す素地、その厚みはよりいっそう増していくのだ。

とにもかくにも、教員がもつ高い学問的専門性に裏打ちされたカリキュラム構成は、実に見事である。

たとえば灘校では、これは中学校で学ぶもの、これは高校で学ぶものといった区別をしない。中学で学ぶことを早く終わらせ、高校の内容を先取りするということもない。先に見たように、化学や物理などでは実験や観察をしっかり行ったうえで、原理・原則・理論を説明し、中学では普通習わない化学式なども教えることで、理解を促し知的好奇心を刺激する。

各教員の裁量が大きいのも、教員個々にきちんとした力量が備わっているからであろう。麻布には学習指導要領に基づいた大枠の指導計画が教科ごとにあるが、授業の中身は教員が自分で考え自由に行うのが基本だ。そのためそれぞれの教員が独自にプリントを活用している。パブリック・スクールも同じような形を取っており、授業に関しては校長や教頭から細かく指示を受けるようなことはなく、どの教員も自分なりの工夫で生徒の理解を深めている。

ところで、昨今、「深い学び」を身につけるためには、アクティブ・ラーニングが必要だと、あちこちで言われるようになっている。大学だけでなく、高校においてもその必要性が謳われるようになった。調べ学習や、討論、発表など、生徒の参加を促し、教育自体を活性化させようとする教育法だが、これなど灘校や麻布を含めた一部の学校では、アクティブ・ラーニングという名称を使用するずっと以前から行われてきたものだ。パブリック・スクールでは討論主体の授業が広く導入されているので、言うまでもない。加えて、さかんに取り上げられているアクティブ・ラーニングにしろ、反転授業（自宅で映像コンテンツなどで学習し、教室では疑問点の確認や議論を行う授業）にしろ、内容よりも言葉の新規性ばかりが先行し、形式に囚われすぎているのではなかろうか。その内実は、優れた教師がいままで授業で実践してきたものとほとんど同じだからである。本当の意味での「深い学び」とは、学問的な素地、人間としての素地の両方があってこそ、と考えるのだが……。

余談がすぎた。次にパブリック・スクールと日本の中高一貫校の違いについて見ていきたい。

相違点①——寮は個人の才能を発掘し、育て、そしてリーダーシップに至る

何よりも異なる点、それは寮の存在であろう。

パブリック・スクールのザ・ナインのなかにはマーチャント・テイラーズ校とセント・ポールズ校のように、設立当初から通学制の学校もあるが、多くは寄宿制である（全寮制は、ザ・ナインではイートン、ハロウ、ウィンチェスターのみ）。イギリス以外から来る生徒や両親が海外赴任をしている子どもたちも、寮があるパブリック・スクールを選択する傾

向が強い。日本のラ・サールにも寮があり、高学年の生徒が寮長として下級生を指導する体制にはなっているが、全員が寮に住んだり、所属したりするわけではなく、教育システムとしてはパブリック・スクールに比べると「弱い」という印象である。

人間には一人ひとり生まれもった独自の才能がある。たとえば、文章の才能、歌の才能、絵の才能、あるいは、人を優しい気持ちにさせるのも独自の才能だ。その「才能の発見」と「才能を伸ばす訓練」は教育によってなされる。先述した教育の目的、「個人の幸福の実現」の意味するところはここにあるのだが、それが日々、われわれが行っている学校教育のなかで見出されているかどうかは正直わからない。才能をもっていても見出してもらえなかった生徒は、誰にも評価されず、それを発揮できないまま人生を終わることになってしまう。

寮の存在は、それを防ぐことに一役買っている。一緒に生活しているハウスマスターは、昼夜、子どもたちの様子を観察しているので、長所や才能の芽を見出しやすい。才能が目覚める瞬間を見逃さずに伸ばすこともできるのだ。また、共同生活のなかで自らを律し、仲間のために尽くすことも学ぶ。年長者を敬い、下級生を支えることが自然と身につく点が寮生活の大いなるメリットと言えるだろう。そして何より、この「自らを律し、仲間のために尽くす」という部分が、リーダーにとって非常に重要な要素なのだ。

また、すべてのパブリック・スクールに共通だが、各教員の自由な裁量の部分も大きい一方で、校長の権限が非常に大きい。学校は校長カラーに染まっていくと言っても過言ではない。このことは、日本の学校では考えられないことだ。そのため、校長とハウスマスターに憧れ、学校を選ぶ親たちも多い。

パブリック・スクールの生徒は、常に寮の生活や活動が円滑に進むよう考える必要がある。しかも、上級生になればなるほど責任は増す。しばしば困難にもぶち当たるだろうが、何とか自分たちで乗り越えなくてはいけない。プレッシャーの大きさたるや相当なものだろう。そんななか、優れたリーダーシップを発揮し、うまく寮という組織を率いた生徒は憧れの存在となる。彼らをロールモデルにして下級生は育っていくのである。また、寮は才能の発揮の場と書いたが、そのことは他人の才能を尊重する風土にもつながる。多様な個性や才能を活かす術も学ぶのだ。それももちろん、優れたリーダーの資質である。

このように、寮はリーダーシップのための訓練の場となっている。パブリック・スクールの生徒たちが日本の高校生と比較し精神的にかなり大人であるという印象を強くもつのは、そのためなのかもしれない。

相違点②――厚みのある教養教育

灘校の「土曜講座」、麻布の「教養総合」は、ともに中学・高校の教養教育という面では画期的な取り組みである。また、先に書いたように教員の力量によって、それぞれの教科が深い教養にもつながっている。多くのリーダーが輩出されるのもうなずけようというものだ。しかし、パブリック・スクールのそれには、灘校や麻布以上の歴史の積み重ねがある。古典重視は誕生した当初からで、音楽や演劇、スポーツなどではその道のプロが指導するという具合に厚みもある。残念ながら、教養教育ではパブリック・スクールが日本の中高一貫校をはるかに凌駕していることは間違いない。

教養も、リーダーにとって必要欠くべからざるものだ。

たとえば、文学や哲学は人間という存在の理解につながる。歴史を学べば、過去の失敗や成功からこれからどう行動すべきかのヒントを見出すことができる。実際、古くはギリシャで、また近代の西欧諸国においても古典教養が優れた人間となるための必須の要件とみなされてきた。古典学を通じた厳格な知的訓練によって、あらゆる問題に対処できる有為の人間を育成することができると考えられていたからだ。職業とは関連しない、つまり日々の糧のために学ぶものではない教育こそが、個人にとって、また、社会にとって役立つものとの考えは、いまも受け継がれている。この点は、ROI第一の社会となりつつある日本とは大きく異なる。

オックスフォード大学のピーター・ノース元学長は以前、私がインタビューした際に、次のように語ったものだ。

「数十年前、オックスフォード大学理学部で光を研究していたグループに、その研究は一体何に役立つのかと問うたのだが、彼らは、『別に……。何かにその光は利用できるんじゃないかな。ほんとは、そんなに重要なことではないかもしれないけれど、私たちが光について研究しているだけです』と答えた」そうだ。

果たして、このグループが取り組んでいたのはレーザーに関する研究だった。もし、この費用のかさむ研究が行われていなければ、CDも、眼のレーザー手術も、精度の高い測量も、たとえ実現できたとしても、随分遅れていたことだろう。残念ながら、短期間での成果が期待できないこのような実験の支援をいまの日本では期待できない。「そんな実験よりも、確実に利益を産み出す研究を優先しなさい」と言われる可能性のほうが高いからだ。

話をもとに戻すが、実は、戦前の日本にも教養教育に力を入れた学校があった。それが旧制高等学校であり、幅広い知識・教養の習得を図ると同時に、大学入学後に行われる専門教育に備えた、基礎的な知識（教科科目）を学術科目に組み替える訓練も行われていた。専門学校卒よりも、大卒がエリートとされてきたのも、旧制高校で教養を身につけているとみなされたからだと考えられる。旧制高校は中等教育と高等教育をつなぐ、いわば「バッファー装置」と呼ぶべき存在だったのであるが、戦後の学制改正で、この装置がなくなってしまった。「日本の大学の学部教育があまりうまく機能していない」と言われるひとつの要因として、このバッファー装置の不在を挙げることができると筆者は見ている。

対して、イギリスにはバッファー装置が存在している。それがこれまでもちらりと触れてきた「シックスフォーム」と呼ばれる二年間の課程で、大学進学前の一六歳から一八歳の生徒が所属する。中等教育に入って六年目にあたるためそのように呼ばれるのだが、イートン校、ハロウ校、ラグビー校などは学内にシックスフォームを設けている（それとは別に独立した機関として設けられている場合もある）。シックスフォームは、ずばり大学進学のための卒業試験（GCE・Aレベル試験）準備学校である。勉強する内容は日本の大学一〜二年生レベルで、一年目には生徒が自由に自分の興味のある科目を四つ、二年目はさらに絞って三つを選ぶ。二〇科目程度から選ぶのだが、そのなかには美術や音楽、演劇、コンピュータサイエンスといったものも含まれている。大学の選抜試験においても選択した科目は評価の対象となるうえ、国語や理科、社会などと同等に扱われる。こうやってイギリスの学生は教養を身につけ、専門課程で学ぶための素地も作り、大学に進学するのである。

せいぜい英国数理社の五教科の成績（教科的能力）のみで選抜される日本と比べて、イギリスは多様性を認めるシステムになっているわけだ。このあたりは、もう一度、提言の部分でも言及してみたい。

相違点③——ノブリス・オブリージュ、そしてリーダーとエリート

あと二つ、パブリック・スクールと日本の学校の違いを述べておこう。

まずひとつは「ノブリス・オブリージュ」である。これは、フランス語の貴族（Noblesse）という言葉と義務を負わせる（Obliger）という言葉から来ており、「高貴な身分は義務を伴う」という意味である。これを開高《かいこう》健は「位高ければ、務め重し」と訳した。

イギリス王室の一員だったダイアナ元妃のチャリティー事業はよく知られているし、エリザベス女王の息子であるアンドリュー王子はフォークランド紛争に従軍したことも有名だ。いまはなくなってしまったが、戦前の日本においても皇族男子は軍務につくのが基本であった。ハロウ校のホーキンズ校長は「生徒には自分たちには大きな特典が与えられていることを自覚させ、慈善活動の経験を積ませる」と語っている。ハロウ校をはじめ、伝統的なパブリック・スクールには、進んで戦地に赴き最前線で戦って若い命を散らせたOBたちを悼んだ墓碑も作られている。もちろん、イギリスはまだ階級社会であり、日本とは異なる。いまの日本に、単純にその精神を輸入することは難しい。ただ、先述した「自らを律し、仲間のために尽くす」というリーダーの資質には、「ノブリス・オブリージュ」

につながるものがあることは確かだろう。

もうひとつの違いは、とくにシステムとして存在するわけではないので、印象に近いものだが、パブリック・スクール、なかでもザ・ナインのほうが「リーダーを育てる」という意志が強いように感じる。一方の日本は、どちらかと言えば「エリート（偏差値の高い大学への入学を果たし、日本社会において高い地位や収入を享受できる人）を育てる」だ。厳しい言い方だが、多くの中高一貫校は学歴エリートを育てることを目的に教育を行ってきたと言えよう。

灘校や麻布、ラ・サール、それに甲陽学院は進学校でありながら、リーダーの基盤となる「人間性の涵養に重きを置く学校群」だから、学歴エリートを育てることを目的としているわけではない。しかし、ハロウ校のホーキンズ校長が「私たちは卒業生みなが、それぞれの進むべき領域においてリーダーとなることを望んでいる」と語るほどには、日本の学校のリーダーに関する意志は明確ではないように思える。

真のリーダーを育成するための「二つの提言」

最後に、いままで紹介した類似点、相違点を踏まえ、リーダーを育てていくにあたって国として、そしてそれぞれの学校が行うべきことを提言してみよう。筆者の提言は主に二つだ。どちらもシステム的に、また財政的に容易に実現しないことは理解している。しかし、何らかの形で近づけることはできるのではないか。

第一の提言はハウスシステムの導入である。

すでに見てきたように、ハウスの存在は非常に大きい。リーダーにとって重要な資質のいくつかを、ハウスで磨くことができるからである。もっとも日本でいきなり全寮制を導入するのは困難だろう（二〇〇九年時点で高校総数約五〇〇〇のうち公立で一四七校、私立で二七五校に寮が存在しているが、問題はそれら寮の存在目的や機能、そして質である）。そこで、ラグビー校やマーチャント・テイラーズ校を参考にするのだ。両校のように通学生用の寮「ハウス」を作るのである。たとえば、中学一年から高校三年まですべての学年のA組でひとつの寮を構成する。大事なのは、学年縦断型にすることだ。イベントなどは寮単位、ランチタイムもともにする。ハウスマスター役の教員が常に見守る。こうすることで、すべての生徒はどれかのハウスに所属し、所属することで帰属意識が芽生える。上級生は下級生の面倒をみなくてはいけないので責任の意識が増す。どのような性格や資質や能力の生徒でも、安心していられる「居場所」ができる。学年を超え、いろいろな人と接することで、多彩な才能を見ることにもなる。さまざまなよい効果を生むことは間違いない。

第二の提言は大学入試制度の改革だ。

大学入試制度の改革というと、「二〇二〇年に改革されるのでは?」と思う人も多いだろう。私自身は改革の方向性そのものに疑問をもっており、批判的だ。たとえば、相違点のところで述べたバッファー装置である。たしかに灘校や麻布、ラ・サールなどでは機能しているが、それは個々の学校の努力によるものだ。制度としては、相変わらず日本には存在しない。これでは、大学教育が十分に役割を果たすことができず、リーダーはもちろん、国が狙っているようなグローバル社会や、先行き不透明な時代に対応できる人材を育成できるかどうかも疑わしい。少なくとも、イギリスのように教科科目以外も評価の対象にするような形にはできないものだろうか。ビジネスの世界では、海外の人とわたり合える教養の重要性が謳われるようになって久しいが、本当は、大学入試にこそ教養の要素を取り入れるべきではないだろうか。

少し例を挙げてみよう。ハロウ校のところでも名前を挙げたベネディクト・カンバーバッチである。近年BBCドラマでシャーロック・ホームズ役を演じていることで世界的に有名な彼は、リチャード三世(ヨーク朝最後のイングランド王)と血縁関係にある家系に生まれた。ハロウ校で演劇に出会い、マンチェスター大学でも演劇を専攻したのだが、学業も優秀だったから、そのまま有名企業に就職することも十分に可能であった。しかし、彼は将来の安定よりも、自分の好きな生き方を選んだ。もし、日本でも芸術系分野が大学の選抜科目に組み込まれていたなら、カンバーバッチのような多様な人材が育つであろう。日本の場合、教科科目偏重だから、それ以外のものは不要という風潮が生まれ、新しい価値も創造できない。それでは、決断・判断のための根拠も導き出せないのではないだろうか。

さて、こうした制度改正を伴うものではない、普段の取り組みで注意すべきことも紹介しておこう。

・教員は見守るという態度を崩さず、生徒には自分で考え、行動させる
・学校のなかに生徒それぞれの居場所のようなものを作る
・教員は学問的専門性を深める。そして、生徒には学問的鍛錬を施し、それによって得た知識などを発揮するさまざまな機会を設ける
・リーダーシップは、経験や場数を多く踏むことで磨かれていく。学校のなかに、そのような場を多数設ける

今回取り上げたのは、いずれも人間の成長を促すために最大の努力をしている学校である。それが結果的に、生徒の能力を引き出し、引き上げ、生徒の人生を最高の高みへと導

いていく。しかしながら、現在の日本は、あらかじめ社会が必要と考える教科に適応する能力だけが試されるきらいがある。与えられた教科に適応する能力が試され、訓練され、テストされ、生徒の成績や進学が決定される。この能力主義が、生徒個人にとっても、社会にとっても、どういう積極的な意味合いをもつのかは疑問と言わざるを得ない。

もっとも、私と同じく疑問をもつ人は増えているようで、灘校や麻布などの全人的な教育の側面を紹介した本が次々と出版されているのは、その表れと言えるかもしれない。実際、それらの売れ行きはいいという。親たちはわかっているのだ、学歴エリートになったからといって、自分の子どもが必ずしも順調で安泰な人生を送れるかどうかわからないということを。バブル崩壊後、数多くの「日本株式会社」を代表する企業が破綻する様を見てきたのだから、そのように思うようになって当然だろう。

そうであるなら、何をすべきか。

答えのひとつは、どんな困難に直面しても、自分の力で乗り越えることができるたくましさを子どもたちに身につけさせることである。知的なたくましさは、すなわち教養であり、優れた人格の形成だ。

繰り返しになるが、人間には一人ひとり特有の才能がある。すべての人には才能と能力があるが、才能はそれが発見されるかどうかに依存している部分が大きく、その才能が開花するかどうかは、学校という場所において訓練されるかどうかにかかっている。教育の機会均等と言うのであれば、才能が顕現する機会が万人に対して用意されなければならない。そのためにはわれわれ日本の教育もまた、生徒たちの探究心を刺激することで、その才能を開花させる一歩として、彼らの心に火をつけ、生きる意味、学ぶ意味を探し続けることができる教育、彼らが一生涯学ぶことへの愛情を深めていける教育が必要となるのではなかろうか。

おわりに

学校や教育制度は、個々人の生涯に大きな影響を与える。社会環境なども影響力をもつが、学校や学校生活や教師、カリキュラム、友人のほうが影響は大きいと思われる。同様に、入試制度も若者の人生選択を方向づける。入試に有利不利という理由で、ある特定の教科の成績で進路を決めることが多いのはみなさんご存じのとおりだ。しかし、少し考えればわかるように、これほどおかしなことはない。

教師の教え方には上手い下手がある。家庭の事情で引越しせざるを得ず、教師との相性が悪くなって好きだった教科が嫌いになるといった生徒も現実に存在する。にもかかわらず、日本の入試制度はそんなことにはお構いなしである。高校受験だったら中学三年段階の、大学受験だったら高校三年段階の成績でおおよそが決まる。数学が嫌いになると、大学入試では自然科学系の学部を受験することさえできない。またこの国は、再チャレンジや再々チャレンジに対して評価の厳しい国でもある。

しかし、この本で取り上げた学校の生徒たちは、すでに高い意識をもった個性豊かな学習集団である。だからこそ、生徒同士が刺激し合い切磋琢磨できるのだ。

終章でも書いたように、日本社会があまりにも即物的になっているのも気になる点である。その影響は間違いなく高校生にも及んでおり、たとえば彼らの将来の生き方も、弱者や貧しい人、年老いた人など助けを必要とする人々を支援すること、あるいは世の不正を正し、住みよい社会を作っていくといった方向にはなかなか向かわない。残念ながら、自分の好きなことに熱中し、楽しい家庭を作る、といった個人の志向のなかで生きていくことを「よし」とする傾向が強い。もちろん、人間誰しも個人志向はもつものだが、あまりに強すぎるのは気がかりだし、それは個人の責任ではなく社会に問題があるようにも思える。

そして、ここにも教育制度の欠陥が見え隠れするのである。

歴史的に見て、日本では学校、なかでも大学が社会の要求する労働力の需要に応じて人材を供給するという機能を果たしてきた。国の近代化や産業に学校・大学は大きく貢献してきたわけだ。実は、偏差値やランキング偏重の要因のひとつがここにある。労働力といっても、商品価値をもたなければ社会では意味をなさない。そこで、数字やランキングを根拠・指標のひとつにしてきたのである。学校では教師の評価する学科の点数と点数による順位が、進路決定では少しでも偏差値の高い大学が求められるようになるのはこのためだ。

すなわち、日本の教育制度のなかに即物的な要素がそもそも組み込まれているのである。だから、そのなかにいる人間はレールを外れることを極端に避けるようになる。レールを外れると評価が下がるからで、「少し寄り道して」というふうにはなかなかならない。これでは、あまりに余裕がなさすぎではないだろうか。人助けや住みよい社会を作るといった方向に、若者の意識が向きにくいのもわかろうというものだ。

ここまで主に、リーダーシップを切り口に、中等教育の改革を論じてきた。最後に、それとは別の角度から人材育成のあり方を提言し、本書を終えたい。

それは「振り返りの時間」の許容、あえて言うならば「許容された時間」を積極的に作り、活用することである。「許容された時間」は二種類あると筆者は考えている。

第一の「許容された時間」は、「遠回りする時間」である。先述したように日本はどちらかというと、ライフコースにおいて年限を設けすぎるきらいがある。「遠回り」をあまり許容しない社会だ。再チャレンジを許さない風土すらできあがってしまった。そうやって、私たちの社会は若者たちに精神的圧迫を与えている。精神的に余裕のない状況からは、リーダーシップや創造性は育まれない。

ここまでは、みなさんもご理解いただけると思うが、であるならまず大学と高校と政府とで、大学入学前の時点で、あるいは大学卒業後の時点で、「遠回りは可能だ」という点を国の政策として推奨してみたらどうだろう。大学や高校の卒業生を雇用する企業は、彼らの動向を注視する必要性にせまられ、企業そのものも変化していかざるを得ないのではないか。さらには、大学の門戸を広げ、生涯教育を推し進める方向に国策として誘導するのである。国策とするのは、そうでないと有名無実化する恐れがあるからだ。

第二の「許容された時間」は、「反省、あるいは振り返りのための時間」である。

少子高齢化や団塊世代の大量定年によって、人材不足が深刻な業界は多い。一方で、物づくり、技術経営、知的財産、高度ICTなど、いままでと違った知識が必要になった分野も増えてきた。そうしたニーズに応えるために社会人大学院が次々と生まれ、学校での座学と企業での実習を組み合わせて行うデュアルシステムも導入されている。ライフコースに新しい学びの場が加わること自体は非常に有意義なことである。

しかし、これらには学びのプロセスのなかでもとくに重要とされる「リフレクション(振り返り)」(学習者が自分の学習について意図的に吟味《ぎんみ》するプロセス)が不足している点が問題だ。実は、それが一種の盲点になっている。いくら知識や技能を習得し、反復・強化できてもリフレクションが十分組み込まれていないと、学んだことは概念化されにくい。結果、不確実な環境に対応するための応用力や問題設定力、創造力といった高次の技術の習得や、それによる成長にはなかなか結びつかないのだ。

むしろ、いまの時代に必要なのは「何もしない時間」である。

ＩＴの巨人グーグル社のように、週のうち一日は本業以外の好きなことに使えるというルールを設けているところもあるが（＝二〇％ルール）、それでも十分ではない。「反省、あるいは振り返りのための時間」においては、学びや業務からいったん離れてしまうのである。そうすることで、客観的に自分を見つめなおすことができ、学んできたことの意義についても考えが深まる。その結果、組織や社会にさらなる価値を還元（アウトプット）するようになるのだ。

一番いい例が、イギリスの学生が取得するギャップ・イヤーで、日本において優れた人材の育成を望むならば、ギャップ・イヤーを推奨する政策を実施してはどうか。ギャップ・イヤー（あるいはギャップ・タイム）として許容された時間は、彼、あるいは彼女にいい意味でのゆとりを生み出し、最終的に優れたリーダーの育成にもつながると考える。それと同時に、労働力の需要と供給のミスマッチの解消、生涯教育、生涯にわたって教育と就労を交互に行うことを勧めるリカレント教育の推進に取り組む必要がある。

さて、本書を執筆中、マララ・ユスフザイさんのオックスフォード大学への進学が決まった、という報道に接した。マララさんはパキスタンで武装勢力に頭を撃たれたものの、幸いにも快復し、教育の重要性（とくに女性のそれ）を訴え、二〇一四年に史上最年少の一七歳でノーベル平和賞を受賞した。彼女がオックスフォード大学という環境で学ぶことは非常に喜ばしいし、どんな研究をするのかも非常に興味深いが、そのニュースに私自身が彼の地で学んだときのことも思い出されたのだった。

私がオックスフォードに学んだのはもうずいぶん以前の話だ。そのイギリス留学をきっかけに、私はイギリスへの興味を深め、研究もイギリスの教育をひとつのテーマとした。そのようななかから、パブリック・スクールへの関心も高まったのだった。とくに注目したのは「人間性の涵養」の部分である。現地に赴き、関係者から直接話を聞く計画を立て、そのうえで日本の名門と呼ばれる学校と比較しようと考えた。サントリー文化財団や学術振興会からの研究助成を受けることも決まった。

しかし、ことは簡単には進まなかった。パブリック・スクール、とくにザ・ナインのなかにはガードが固く、容易に取材に応じないところがあるからだ。過去にザ・ナインすべてを回ったという本や論文が日本でなかったのはそのためで、私の前にも大きく壁が立ちはだかった。加えて、交通の便の悪い学校もある。「ザ・ナイン」はイギリスに点在する（二一七ページ地図参照）。イギリスは日本より狭い国ではあるが、それでも容易に回れるものではない。当初は三校しか取材に応じてくれなかったが、在イギリス日本国大使館渡辺栄二参事官からの支援も受け、三校を調査した実績をテコに粘り強く交渉を続け、三年の時間をかけてようやくすべてを回り終えた。そういう状況でも、乗り越えることができたのは、オックスフォード時代の友人、そして研究者仲間の助けがあったからこそである。

結論から言えば、訪問して得たものは非常に大きかった。

何よりもザ・ナインの懐の深さを肌で感じることができた。グローバル社会のなかで活躍できる有為な人材へと若者を成長させるという、教育に携わる人たちの熱意も強く感じた。

誤解を恐れずに言えば、現代社会は、「他者との競争に翻弄され、せかされる人生を歩む時代」、「自分の好きなことにだけ心を馳せ、好きな人たちとの関係以外は無関心といった時代」だ。しかしザ・ナインは、自分の人生にとって何が重要か、そのためには他者に対し何をすればよいのか、義務と責任を両肩に背負って生きていけるような人間が育つ社会になるために責任ある大人は何をすべきか——そういった問いに対し、泰然自若に生きる様を教える教育、他者との関係を築いていくための教育を行っている。いわば時代の対極にある学校とも言える。これらの学校は、「学校での教育において何が私たちに必要なのか」、その示唆を与えてくれると思うのだ。

「どのパブリック・スクールも、それぞれの子どもが幸せであることに重きを置いています。幸せな子どもは成功する場合が多く、勉強もよくできます。考えてもみてください。幸せを感じない子どもが成功するわけがないのです」

ザ・ナインのチャーターハウス校のアンドリュー・ターナー副校長がこう語っていたが、まさにそのとおりだと感ずる。

パブリック・スクールの教育から見えてくるものを、ぜひ、これからの日本の教育に活かしていきたい。

本書をようやく一冊の本にまとめることができたことに安堵する。多くの方々にお世話になったが、とくに平凡社新書編集部の岸本洋和さん、また、貴重なコメントを随時いただいたワオ・コーポレーションの松本正行さんと古阪肇さん、研究者仲間の前田一之さん、大佐古紀雄さん、佐々木亮さん、ロバート・アスピノールさん、そして、灘校の和田孫博校長、麻布の平秀明校長、ラ・サールの谷口哲生副校長、ハロウ校の松原直美さん、イートン校のパーシー・ハリソンさん、ラグビー校のガレス・パーカージョウンズさんのお力添えがなければ本書は刊行されてはいなかった。改めて感謝申し上げたい。

平成三〇年　三月吉日　最愛の母に捧ぐ

秦由美子

参考文献

英文文献

Dent, H.C. *British Education.* London: Longmans, 1955.

The Fleming Report. *The Public Schools and the General Education System.* London: HMSO, 1944.

Green, A. *Education and State Formation: The Rise of Education Systems in England, France and the USA.* London: MacMillan, 1990.

Jones, K. *Education in Britain: 1944 to the present.* Oxford: Blackwell, 2003.

Kalton, G. *The Public Schools: A Factual Survey.* London: Longmans, 1966: 2-4.

Lawton, D. *Class, Culture and the Curriculum.* London: Routledge and Kegan Paul, 1975.

MacKinnon, D., ed. *Education in the UK: Facts & Figures.* London: OUP, 1996.

Sabben-Clare, J. *Winchester College*. Winchester: P. & G. Wells, 1981.

Simon, B. *The Common Secondary School.* London: Lawrence and Wishart, 1955.

Simon, B. *Studies in the History of Education, 1780-1870.* London: Lawrence and Wishart, 1960.

Tawney, R. H., ed. *Secondary Education for All: A Policy for Labour.* London: The Labour Party, 1922.

Whitty, G., Edward, T., and Fitz, J. "England and Wales: the Role of the Private Sector." In *Private Schools in Ten Countries – Policy and Practice.* Walford, G., ed., 8-31. London: Routledge, 1989.

日本語文献

アダム・ニコルソン他（高月壮平監訳）『イートン』国際教育センター出版　二〇一四年
麻生誠・山内乾史編『21世紀のエリート像』学文社　二〇〇四年
阿部生雄『近代スポーツマンシップの誕生と成長』筑波大学出版会　二〇〇九年
新井潤美『パブリック・スクール――イギリス的紳士・淑女のつくられかた』岩波新書　二〇一六年
池田潔『自由と規律――イギリスの学校生活』岩波新書　一九四九年
石井理恵子『美しき英国パブリック・スクール――Life in Public Schools』太田出版　二〇一六年
石山脩平『西洋古代中世教育史』有斐閣　一九五〇年
伊村元道『英国パブリック・スクール物語』丸善ライブラリー　一九九三年
おおたとしまさ『男子御三家――なぜ一流が育つのか』中公新書ラクレ　二〇一六年
太田肇『なぜ日本企業は勝てなくなったのか――個を活かす「分化」の組織論』新潮選書　二〇一七年
齋藤新治『中世イングランドの基金立文法学校成立史』亜紀書房　一九九七年
佐伯正一『中等教育の発展――産業革命期イギリスのパブリック・スクール、文法学校、労働者大学』高陵社書店　一九七三年
ジェフリー・ウォルフォード（竹内洋・海部優子訳）『パブリック・スクールの社会学――英国エリート教育の内幕』世界思想社　一九九六年
ジョン・P・コッター（黒田由貴子監訳）『リーダーシップ論――いま何をすべきか』ダイヤモンド社　一九九九年

鈴木秀人『変貌する英国パブリック・スクール――スポーツ教育から見た現在』世界思想社　二〇〇二年
関根彰子『イギリス　パブリックスクール留学――安心して子供を留学させるために』RSVP　二〇〇八年
「大学入試改革で激変！これから伸びる中学・高校」『週刊東洋経済』二〇一七年七月二九日号
竹内洋『パブリック・スクール――英国式受験とエリート』講談社現代新書　一九九三年
橘木俊詔『灘校――なぜ「日本一」であり続けるのか』光文社新書　二〇一〇年
成田克矢『イギリス教育政策史研究』御茶の水書房　一九六六年
日能研進学情報室『中高一貫校』ちくま新書　二〇〇八年
橋本武『伝説の灘校教師が教える一生役立つ学ぶ力』日本実業出版社　二〇一二年
秦由美子『変わりゆくイギリスの大学』学文社　二〇〇一年
藤井泰『イギリス中等教育制度史研究』風間書房　一九九五年
古阪肇「英国独立学校と大学進学――「グレート・スクールズ」を中心に」『早稲田教育評論』第二八巻第一号　一六一―一八一頁　早稲田大学教育総合研究所　二〇一四年
――「英国パブリック・スクールにおける課外活動の今日的意義」『早稲田教育評論』第二九巻第一号　一一五―一三三頁　早稲田大学教育総合研究所　二〇一五年
――「英国の寮制私立中等学校におけるパストラル・ケアの重要性」『早稲田教育評論』第三〇巻第一号　九七―一〇八頁　早稲田大学教育総合研究所　二〇一六年
マーク・ジルアード（高宮利行、不破有里訳）『騎士道とジェントルマン――ヴィクトリア朝社会精神史』三省堂　一九八六年

宮島英紀・小峰敦子『名門高校ライバル物語』講談社　二〇〇九年
望田研吾『現代イギリスの中等教育改革の研究』九州大学出版会　一九九六年
森川泉『イギリス中等教育行政史研究』風間書房　一九九七年

WEBサイト

「イギリス留学の魅力」http://woffice.jp/study-abroad-uk-attraction/
「英国パブリックスクール：Aldenham」http://aldenham.exblog.jp/
「エリートを輩出してきたイギリスの名門「イートン校」。エリートが育たない日本も参考にすべき驚きの教育システムとは?-」http://www.jctv.co.jp/sociallikers/sns/581/
「グローバル　世界の『社会リーダー』創造メカニズムを探る」http://www.works-i.com/research/leader/global/vol02/4/
「世界的名門ウィンチェスターに、イートンに合格!　母と子の英国パブリックスクール挑戦記」https://courrier.jp/columns/77110/
「名門「イートン校」はここがすごい」http://courrier.jp/info/24499/
「ラグビー校が発祥?·意外と知らないラグビーの歴史」https://allabout.co.jp/gm/gc/424423/all/

【著者】
秦由美子（はだ ゆみこ）
教育学者。大阪市生まれ。お茶の水女子大学文教育学部卒。アメリカ大使館に勤務後、オックスフォード大学で修士号、東京大学で博士号（教育学）を取得。専門はイギリスと日本の比較研究。大阪大学准教授などを経て、現在、広島大学教授。著書に『変わりゆくイギリスの大学』（学文社）、『イギリス高等教育の課題と展望』（明治図書出版）、『イギリスの大学――対位線の転位による質的転換』（東信堂）、編著に『新時代を切り拓く大学評価――日本とイギリス』（東信堂）など。

平 凡 社 新 書 ８ ６ ９

パブリック・スクールと日本の名門校
なぜ彼らはトップであり続けるのか

発行日――2018年３月15日　初版第１刷

著者――秦由美子
発行者――下中美都
発行所――株式会社平凡社
東京都千代田区神田神保町3-29　〒101-0051
電話　東京（03）3230-6580［編集］
　　　東京（03）3230-6573［営業］
振替　00180-0-29639
印刷・製本―図書印刷株式会社
装幀――菊地信義

ISBN978-4-582-85869-3
NDC 分類番号376　新書判（17.2cm）　総ページ264
平凡社ホームページ　http://www.heibonsha.co.jp/